南京历史文化名人系列丛书

刘义庆传

赵建成 著

南京市文化和旅游局
南京市博物总馆 编

凤凰出版社

图书在版编目（CIP）数据

刘义庆传 / 赵建成著. -- 南京 : 凤凰出版社,
2019.12
（南京历史文化名人系列丛书）
ISBN 978-7-5506-3070-3

Ⅰ. ①刘… Ⅱ. ①赵… Ⅲ. ①刘义庆（403-444）—
传记 Ⅳ. ①K825.6

中国版本图书馆CIP数据核字(2019)第289564号

书　　名	刘义庆传
著　　者	赵建成
责任编辑	尤丹丹
出版发行	凤凰出版社(原江苏古籍出版社) 发行部电话025-83223462
出版社地址	南京市中央路165号,邮编:210009
出版社网址	http://www.fhcbs.com
照　　排	南京凯建文化发展有限公司
印　　刷	江苏凤凰通达印刷有限公司 南京市六合区冶山镇,邮编:211523
开　　本	718×1005毫米　1/16
印　　张	7
字　　数	100千字
版　　次	2019年12月第1版　2019年12月第1次印刷
标准书号	ISBN 978-7-5506-3070-3
定　　价	68.00元

(本书凡印装错误可向承印厂调换,电话:025-57572508)

《南京历史文化名人系列丛书》编委会

序　言

南京古称金陵、建邺、建康等，是素负盛名的“六朝古都，十朝都会”，与北京、西安、洛阳并称为中国四大古都。南京在历史文化上的独特性，体现在曾多次承担过中华民族救亡图存、走向复兴的历史责任与历史使命。在历史文化的视野下，把南京置于国家民族的历史长河中，探寻这座城市对于中华文明所起到的作用，会发现在中国历史上，没有哪一座城市像南京这样，与中华民族的命运如此紧密地联系在一起。

2500多年的建城史，450年的建都史，使得南京在历朝历代都涌现出许许多多为中华数千年文明作出过重要贡献的杰出人物，他们广泛地活跃在政治、经济、军事、文化、艺术、宗教、科技、曲艺等方面。在这些“立德、立功、立言”的杰出人物的身上，集中体现着中华民族精神的标记，印证着历史人文精神的深邃。虽然这些历史身影已随着逝去的时代而远去，但他们留下的物质或非物质的印记，作为后来者追慕先贤、思索人生、承继前行的路标，仍然是南京乃至中华民族弥足珍贵的文化资源和极其宝贵的精神财富，是中国历史文化脉络的重要组成部分，更是加快南京历史文化名城建设不可或缺的要素。

2014年初夏，南京市政府根据“十二五”规划文化建设中提出的传承创新、推动文化大发展大繁荣的要求，出于充分挖掘、利用南京在历史名人资源方面的优势，彰显南京独特的历史名人文化，进而发挥文化引导社会、教育人民、推动发展的功能，增强民族凝聚力和创造力的目的，要求南京市文化广电新闻出版局及其下属单位在调查研究的基础上，提出切实可行的南京历史文化名人展示工作的实施方案。

客观、科学地界定南京历史文化名人，按不同的时代、不同的系统梳理罗列出来，不是一件容易的事。新成立的南京市博物总馆文化遗产保护研究所具体承担了起草《南京历史文化名人展示工作实施方案》的工作，在经过了近一个月披沙拣金般的梳理与遴选后，研究所的同志们按时交出了一份包括近400位待选的南京历史文化名人小传的征求意见稿。此后，在南京市委、市政府、市政协主要领导的关心与支持下，南京市文化广电新闻出版局就如何实施南京历史文化名人的弘扬与展示工作认真调研，反复斟酌，并召开了多次由市领导与南京大学、南京师范大学、南京博物院等专家学者参加的专题论证会，最终在集思广益达成的共识的基础上，甄选出首批共79位在南京乃至国内外都有一定历史地位、在彰显南京历史文化方面具有一定代表性的南京历史文化名人，并确定了在深入挖掘其内涵的基础上，采用雕塑创作、遗址与博物馆建设、遗迹修缮、深度挖掘出版、文艺创作等5种向全社会推介展示这些南京历史文化名人的方式。

这其中的深度挖掘出版方式，指的是在采撷、整理文献史料的基础上，编辑出版以南京历史文化名人为系列的名人传记或故事，适用于那些历史文献和地方志书中虽有明确记载，对南京历史文化发展也有较大影响，但其相关遗迹、遗存尚不确定的南京历史文化名人，藉以系统地呈现南京历史文化，进一步增强南京文化软实力与综合竞争力。采用深度挖掘出版方式予以宣传推介的南京历史文化名人的人选，包括三国时期的书法家皇象、佛经翻译家支谦，东晋时期的道教学者葛洪、美术家戴逵、名僧暨佛经翻译家法显，南朝刘宋时期的天文学家何承天、史学家范晔、文学家刘义庆，南齐的开国皇帝萧道成、画家陆探微、诗人谢朓、美术评论家谢赫，南朝齐梁时期的文学批评家钟嵘，唐代诗人王昌龄，明代文学家宋濂、学者焦竑、书法篆刻家文彭，明末清初的竹刻艺人濮仲谦，清代文学家方苞，近代建筑设计师亨利·墨菲共计20人。该项工作由南京市文化广电新闻出版局负责。

考虑到社会影响并兼顾大多数人的接受程度，南京市文化广电新闻出版局与南京市博物总馆的主要领导认为《南京历史文化名人系列丛书》的编撰和出版工作应尽可能达到如下几点要求。一是实事求是，科学取舍。要运用历史唯物主义观点和方法收集资料，去粗取精，去伪存真，力求内容的史料性、思想性和资料性的统一。在尊重历史真实的前提下，对涉及政治、民族、宗教等重大敏感问题，在史料取舍与叙述上，谨慎科学处理。二是主题突出，详略得当。在具体的文字内容上，应包括上述各南京历史文化名人的生平事迹、主要成就及其对后世的影响，并尽可能将每个人物的成就及其与南京之间的关系或联系，在书中予以浓墨重彩地展示。三是深入浅出，通俗易懂。丛书的篇幅不宜过长，避免阳春白雪、曲高和寡，编撰行文应言之有物，但在行文中仍然务需严谨、规范，所使用的材料要求有来源、有依据，注重和突出面向大众的宣传、推介效果，争取较强的可读性，力求做到雅俗共赏。四是图文并茂，引人入胜。作为一部介绍历史名人的图书，在诸方面要凸显其文化特点和艺术魅力，每本书宜在行文中都配附一定数量、与书籍内容相关的图片，做到图文并茂，雅俗共赏。

这样一套面向社会大众的普及性质的读物，自然不宜高头讲章般的满是庙堂之气，但学术层面的严谨和求实，也都必须遵循而丝毫马虎不得，因而对于编写工作的要求其实是相当高的，所以寻找合适的作者自然也就成了让人头疼不已的事。在这一方面，南京市博物总馆下辖的文化遗产保护研究所为之付出了艰苦的努力。

我们编纂这套《南京历史文化名人系列丛书》不仅仅是为了让来者见贤思齐，心追范式，更主要是为了让后人通过读史而能自省，深入发掘、总结、提炼中国历史文化中的优秀精神，推动社会主义精神文明和物质文明协调发展，古为今用，洋为中用，把中华民族的优秀传统转变为现实中有生命力、有影响力的东西，从而进一步增强民族自信心和凝聚力，为促进中国特色社会主义文化建设的健康发展，激发全民族文化创新创造活力，不断铸就中华文化新辉煌，尽一份绵薄之力。

鉴于《南京历史文化名人系列丛书》所涉部分历史人物可资参阅的史料极其有限，加之编写时间匆促，本书难免存在这样或那样的缺憾。在此诚恳希望专家读者多加指教，以便有机会再作修改与补充。

2018年3月

目 录

引　子

刘义庆，这个人物和他的名字，在中国历史与文化史上，显然不像孔、孟、老、庄，不像秦皇、汉武、唐宗、宋祖，也像屈原、陶渊明、李白、杜甫、苏轼等文化与历史名人那样妇孺皆知。知识阶层之外，甚至知识阶层内部相当一部分人，都对他很陌生，乃至有一无所知者。譬如《新唐书·艺文志》著录其《徐州先贤传》时，在作者问题上竟然发生了“临川王义庆”讹为“王羲度”的错误（亦可能是《新唐书》在传刻中致误）[①]。显然是不知道刘义庆乃刘宋皇族，袭封临川王，竟以为此书作者为临川人名王义庆者所撰，又误“义”（繁体作“義”）为“羲”字、“庆”（繁体作“慶”）为“度”字，闹出笑话。同样，其所主持编撰的《世说新语》，存世文本皆题“宋临川王义庆撰”，亦颇有人以为其作者为王义庆。然而真正对中国文化史、文学史稍有了解的人，都会知道，刘义庆对中国文学、文化史的影响之大，远远超过他的名气。《世说新语》一书，是魏晋名士风流的最集中记录，具有集大成性质，并对后世的文学与文化产生了广泛而深远的影响，泽被一代又一代文人，在他们的人格与创作中留下印记。而他编著的另一部著作《幽明录》，则是南朝志怪小说的代表性作品，成就与影响堪比干宝的《搜神记》，对唐传奇乃至宋以后的小说与戏曲创作都有很大的影响。

刘义庆（403—444），彭城（今江苏徐州）人，南朝宋宗室，是宋武帝刘裕的侄子。他少善骑乘，为刘裕所知赏，应该颇有政治上的理想与抱负，然而由于政局的复杂动荡，并没有真正施展与证明的机会。刘裕的家族并非高门士族，而是次等士族，文学、文化非其所长。然而取得政权之后，文化上的追求自然成为必要，一是出于附庸风雅，向真正的高门士族看

① ［宋］欧阳修、宋祁：《新唐书》卷五十八，中华书局，1975年版，第1480页。

齐；二是这本身也是一个家族发展和提升自己的内在需要。而这种文化上的发展与提高，最具代表性的人物就是刘义庆。虽然他自己才词不多，并没有特别值得称道的创作存世，但他凭借着自己的地位，招聚文士，编撰了数量十分可观的著作，尤其前文提到的《世说新语》与《幽明录》，并为杰作，他也因之而不朽。

一、刘义庆的家世出身和他所处的时代

1. 家世出身

说到刘义庆的家世，我们不得不从南朝宋武帝刘裕谈起。刘裕(363—422)，字德舆，小名寄奴，彭城县绥舆里(在今江苏徐州)人。其生平事迹具见于《晋书》《宋书》《魏书》《南史》《资治通鉴》等史书中。沈约《宋书·武帝本纪》追述刘裕的家族起源，说他是汉楚元王刘交之后，为刘交二十一世孙，刘交即汉高祖刘邦之弟。但在描述刘裕之前自刘交始之二十一代先祖具体的世系序列时，沈约却有两代人语焉不详，一为第九代"东武城令某"，一为第十四代"定襄太守某"，所以刘裕为刘交之后不能令人信服。实际上，这是中国古代帝王常用的手段，即寻找一个高贵的血统，为其统治增加合理性与合法性[①]。所以后来魏收撰《魏书》，就不采用沈约的说法，而是说"其先不知所出"(《魏书》卷九十七《岛夷刘裕传》)。但"定襄太守某"之后的七代人，沈约的记述应该是可靠的。我们能够看

① 至李延寿《南史·宋本纪上》，更以种种神迹附会，以明刘裕之天命身份："帝以晋哀帝兴宁元年岁在癸亥三月壬寅夜生，神光照室尽明，是夕甘露降于墓树。及长……尝游京口竹林寺，独卧讲堂前，上有五色龙章，众僧见之，惊以白帝，帝独喜曰：'上人无妄言。'皇考墓在丹徒之候山，其地秦史所谓曲阿、丹徒间有天子气者也。时有孔恭者，妙善占墓，帝尝与经墓，欺之曰：'此墓何如？'孔恭曰：'非常地也。'帝由是益自负。行止时见二小龙附翼，樵渔山泽，同侣或亦睹焉。及贵，龙形更大。……后伐获新洲，见大蛇长数丈，射之，伤。明日复至洲，里闻有杵臼声，往觇之，见童子数人皆青衣，于榛中捣药。问其故，答曰：'我王为刘寄奴所射，合散傅之。'帝曰：'王神何不杀之？'答曰：'刘寄奴王者不死，不可杀。'帝叱之，皆散，仍收药而反。又经客下邳逆旅，会一沙门谓帝曰：'江表当乱，安之者，其在君乎。'帝先患手创，积年不愈，沙门有一黄药，因留与帝，既而忽亡，帝以黄散傅之，其创一傅而愈。宝其余及所得童子药，每遇金创，傅之并验。"此皆古代史书常用之手段，以神化帝王，确立其合法性，不可凭信。

到，刘裕家族自其高祖刘混渡江南下，定居于晋陵郡丹徒县之京口里（在今江苏镇江），刘混官至武原令，生东安太守刘靖，刘靖生晋陵郡功曹刘翘（字显宗）。刘翘就是刘裕的父亲。刘翘所生有三子，长子刘裕、次子刘道怜、三子刘道规。

本紀第一　宋書一
臣沈　約　新撰
武帝上
高祖武皇帝諱裕字德輿小名寄奴彭城縣綏
里人漢高帝弟楚元王交之後也交生紅懿侯
富富生宗正辟彊辟彊生陽城繆侯德德生陽
城節侯安民安民生陽城釐侯慶忌慶忌生陽
城肅侯岑岑生宗正平平生東武城令某某生
東萊太守景景生明經洽洽生博士弘弘生琅

图1　《宋书·武帝本纪》（宋元递修本）

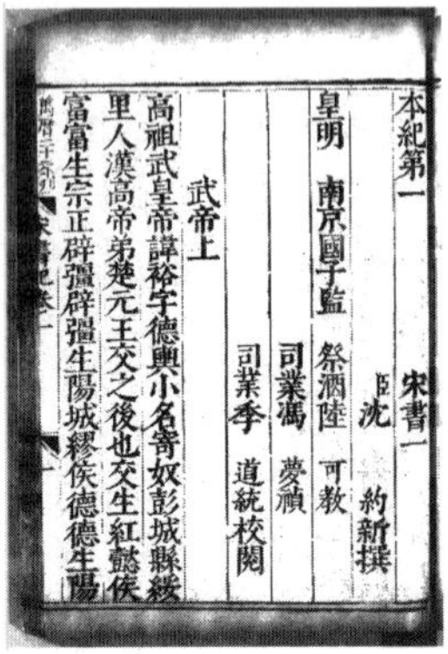

本紀第一　宋書一
臣沈　約新撰
皇明　南京國子監　祭酒陸　可教
司業馮　夢禎
司業季　道統校閱
武帝上
高祖武皇帝諱裕字德輿小名寄奴彭城縣綏
里人漢高帝弟楚元王交之後也交生紅懿侯
富富生宗正辟彊辟彊生陽城繆侯德德生陽

图2　《宋书·武帝本纪》（明国子监本）

刘裕生于京口，家贫而有大志。初为北府军将领，先后平定孙恩、桓玄、卢循之乱，灭慕容超之南燕，消灭刘毅、诸葛长民、司马休之的势力，又斩姚泓、灭后秦，收复洛阳、长安，经营四方。刘裕历任太尉、相国、宋公、宋王，都督中外诸军事，掌握东晋的军政大权。晋恭帝司马德文元熙二年（420）六月，刘裕受禅于建康（今南京），另立新朝，国号宋，年号永初。刘裕清简寡欲，崇尚节俭，为人严整有法度。他注重加强中央集权，抑制豪强兼并，整顿吏治，废除苛法，整顿户籍，实施土断，发展生产，轻徭薄赋，发展教育。在位三年，永初三年（422）病逝，谥武，庙号高祖。

南朝 宋武帝（363—422）

图3　刘裕

辛弃疾词《永遇乐·京口北固亭怀古》云："斜阳草树，寻常巷陌，人道寄奴曾住。想当年，金戈铁马，气吞万里如虎。"这是对刘裕的充分肯定。确实，南朝诸帝，以刘裕最有建树。对内，他削平各种势力，确保了南方的稳定，为人民的生产生活提供了基础。对外，他的北伐功勋卓著，虽然后来关中复失，但河南、山东、淮北已划入南朝版图，南朝的防线推进到了潼关、黄河一线，后来的宋魏间战争，多在这些土地上进行，保障了江淮流域的长期稳定发展，也为后来"元嘉之治"的出现提供了坚实的保障。对此，后人多有评价。沈约《宋书·武帝本纪》论曰："高祖地非桓、文，众无一旅，曾不浃旬，夷凶翦暴，祀晋配天，不失旧物，诛内清外，功格区宇。"北魏名臣崔浩评价刘裕说："刘裕奋起寒微，不阶尺土，讨灭桓玄，兴复晋室，北禽慕容超，南枭卢循。所向无前，非其才之过人，安能如是乎？"（司马光《资治通鉴》卷一百一十八《晋纪》四十）[①]清王夫之云："宋武兴，东灭慕容超，西灭姚泓，拓拔嗣、赫连勃勃敛迹而穴处。自刘渊称乱以来，祖逖、庾翼、桓温、谢安经营百年而无能及此。后乎此者，二萧、陈氏无尺土之展，而浸以削亡。然则永嘉以降，仅延中国生人之气者，唯刘氏耳。举晋人坐失之中原，责宋以不荡平，没其挞伐之功而黜之，亦大不平矣。君天下者道也，非势也。……汉之后、唐之前，唯宋氏犹可以为中国主也。"（《读通鉴论》卷十五）

刘裕共有七子：义符、义真、义隆、义康、义恭、义宣、义季。其中刘义符为宋少帝，刘义隆为宋文帝。

刘道怜（368—422）在刘裕征战四方的过程中，一般留守于后方。亦稍有军功，如曾从刘裕征广固，俘获慕容超，以此功封竟陵县公。初为国子学生，徐州刺史谢琰以为从事史。历任南彭城内史、堂邑太守、并州刺史、徐州刺史、荆州刺史等，官至侍中、尚书令，进位司空。刘裕代晋，进位太尉，封长沙王。永初三年（422）六月薨，年五十五，谥号为景，赠太傅，故称长沙景王。

刘道怜才能平庸，而生性贪鄙。沈约评之曰："道怜素无才能，言音甚楚，举止施为，多诸鄙拙。高祖虽遣将军佐辅之，而贪纵过甚，畜聚财

① 《资治通鉴》应承自《魏书》卷三十五《崔浩传》，内容一致，具体表述有所不同。

货，常若不足，去镇之日，府库为之空虚。”（《宋书》卷五十一本传）他虽因刘裕之故而位高权重，但实际上并不为刘裕所重。如《宋书》本传所载的这件事：

先是，卢陵王义真为扬州刺史，太后谓上曰：“道怜汝布衣兄弟，故宜为扬州。”上曰：“寄奴于道怜岂有所惜。扬州根本所寄，事务至多，非道怜所了。”太后曰：“道怜年出五十，岂当不如汝十岁儿邪？”上曰：“车士虽为刺史，事无大小，悉由寄奴。道怜年长，不亲其事，于听望不足。”太后乃无言。

车士，刘裕次子刘义真小字，其时年仅十岁，刘道怜已逾天命之年，但刘裕仍不敢以扬州委之，可见其不堪大用。

刘道怜共有六子：义欣、义庆、义融、义宗、义宾、义綦。其中长子刘义欣嗣位为长沙王。

刘道规（370—412），字道则，少倜傥有大志，深得其兄刘裕赏识。晋安帝元兴三年（404），刘裕起兵讨伐桓玄，刘道规为核心人物之一。当时桓弘镇广陵，以刘道规为征虏中兵参军，刘裕克京城，刘道规也在同一天与刘毅、孟昶共斩桓弘，收众济江，进平京邑，桓玄败走。晋大将军武陵王司马遵承制，以刘道规为振武将军、义昌太守。其后，刘道规与刘毅、何无忌率军追讨桓玄，在盆口击败桓玄部将何澹之，在峥嵘洲（今湖北黄冈附近）以少胜多，击败桓玄本部军队，智勇双全，展示出卓越的军事才能。之后刘道规等又率军进讨，收复荆州，基本扫清了桓玄的残军。进号辅国将军、督淮北诸军事、并州刺史。随后，刘道规又进一步采取行动，清除了荆州、湘、江、豫地区的桓氏余烬，以义勋封华容县公，领护南蛮校尉、荆州刺史。在卢循、徐道覆之乱中，刘道规再次展现出大将风度，临危不惧，举重若轻，先后击败桓谦与卢循部将荀林的联军和徐道覆的军队。

晋安帝司马德宗义熙八年（412），刘道规病逝于建康，时年四十三岁，追赠侍中、司徒，谥曰烈武公，以平桓谦功，进封南郡公。刘裕代晋建宋后，赠大司马，追封临川王。

刘道规无子，刘裕长子刘义符少为道规所养，本欲为继，但随着刘裕权势的增强，他在政治上的野心也越来越大，很可能打算称帝后以刘义符为太子，故将其还本。长沙景王刘道怜次子刘义庆，即本书的主人公，出继于刘道规。

刘义庆有五子。长子哀王刘烨，字景舒，嗣位临川王，官至通直郎，为元凶刘劭所杀，追赠散骑常侍。刘烨子刘绰，字子流，嗣位临川王，官至步兵校尉，宋顺帝刘准昇明三年(479)谋反被诛，国除。刘绰弟刘绾，早卒。刘义庆次子刘衍，官至太子舍人。三子刘镜，官至宣城太守。四子刘颖，官至前将军。五子刘倩，官至南新蔡太守。

刘义庆还有一位女婿，是一个出自高门士族的名士，名叫王僧达(423—458)，琅邪临沂(今山东临沂)人，太保王弘之少子，东晋丞相王导玄孙。曾任宣城太守，性好游猎，政事荒怠。宋孝武帝刘骏即位，累为尚书右仆射，转护军将军，又为征虏将军、吴郡太守，官至中书令，封宁陵县五等侯。王僧达自负才地，以宰相自期，但未能如愿，心生怨艾，大明二年(458)，被刘骏借故赐死，时年三十六岁。(《宋书》卷七十五《王僧达传》、唐许嵩《建康实录》卷十四)

2. 家族门第

谈到刘裕，自然要面对一个无法回避的问题，即彭城刘氏的家族门第。家族门第问题主要指的是士庶之别以及士族内部的层次划分。这个问题于晋、宋之间的政治与历史十分重要。实际上，家族门第问题在东汉、魏晋南北朝乃至隋唐时期一直是一个影响政治与历史走向的关键性问题，甚至可以说，它是把握魏晋南北朝时期社会与历史发展的一条主线。

士族阶层起源于两汉时期那些以经学传世的仕宦之家。钱穆说："'累世经学'与'累世公卿'，便造成士族传袭的势力，积久遂成门第。"(《国史大纲·士族之新地位》)上溯至东汉时期，一些世居高位的家族在社会生活中逐渐产生重要的影响，其代表人物往往是拥有辽阔土地的大地主，又是士大夫的领袖，门生、故吏遍于天下，他们在经济、政治与文化等各方面都表现出较为强势的特征，便形成了所谓门阀大族，如汝南袁氏、弘农杨氏等。这是一个具有特殊地位的阶层，国家在选拔人才时首先要看族姓阀阅，重视家族门第，祖先有功业的世家大族，会受到特别的重视，门阀大族的子弟，在察举、征辟中具有优先权。

东汉后期，政治腐败，社会动荡，中央政府逐渐丧失了对地方的控制能力，世家大族和地方豪强的势力迅速发展，从而形成割据势力。虽然曹操采取了一些措施对他们予以打击和遏制，但又离不开他们的支持和帮助。曹丕当政后，吏部尚书陈群提出了推行九品官人法的方案，为曹丕所采纳。九品官人法的内容，是以著姓世族为各州郡的州都与大中正、中正，品评本地人物，执掌搜荐人才之事，帮助中央政府诠选官员。各州大中正与各郡中正依据管区内人物的品行，将其定为上上、上中、上下、中上、中中、中下、下上、下中、下下九品，中正有权进退之。中央政府选用官员，就是根据中正的品状来决定的。九品官人法的推行，进一步加强了世家大族的特权，他们垄断官位，最终导致"上品无寒门，下品无势族"(《晋书·刘毅传》)的结果自然是意料之中的事了。

世家大族往往"公门有公，卿门有卿"(《晋书·文苑·王沈传》)，累世富贵，他们在政治上获得了世袭的特权，在西晋时发展成为士族(又称世族)，士庶的区别从此开始固定下来。与士族相对的概念是庶族，即所谓寒门、寒族，多为中小地主，在政治上没有话语权。门阀士族和庶族在法律上并没有不平等的明文规定，但事实上的不平等早已存在。士族凭借自己的经济势力和文化背景，积极参与政治生活，开始变成社会上一个特殊的阶层。他们一般有较为严格的宗法传承世系，控制大量部曲和田产，有相对独立的经济条件和政治主张。

东晋时期，南渡的门阀士族取得了政治、经济、军事上的主导地位，他们进入政治权力的核心，占据要职，与皇权共同治理江东，形成了皇权政治的特殊形式——门阀政治。在门阀政治的背景下，选官的标准完全演化为以凭血缘关系相区别的门第高下为依据，官职之清浊、升迁之迟速，完全看门第之差别。

门阀政治是东晋时期所出现的一种特殊政治形态，它是皇权与士族势力相平衡而产生的一种必然结果。一方面，东晋皇室的力量没有强大到能够掌控全局的程度，他们必须依靠士族实现对国家的治理，另一方面，士族中也没有哪一支力量强大到可以消灭皇室、改朝换代。

说到东晋门阀政治，我们常常会引用《晋书·王敦传》中所谓“王与马，共天下”之语，“王”指的是以王敦、王导为代表的琅邪王氏，“马”自然就是司马氏。实际上，在东晋王朝的百余年中，“共天下”的还有高平郗氏、颍川庾氏、谯国桓氏、陈郡谢氏、太原王氏等。

高门士族多在重玄学、尚清谈的的氛围中生活与成长，以“身在廊庙，心在山林”自许，但求放达，以躬亲吏事为耻。如《世说新语》载王濛、刘惔与支道林共看何骠骑（何充），骠骑看文书不顾之。王谓何曰：“我今故与林公来相看，望卿摆拨常务，应对玄言，那得方低头看此邪？”何对曰：“我不看此，卿等何以得存？”诸人以为佳。（《政事》18）这是一个非常典型的例子，王、刘都是清谈大家，以玄言为宗，无意于政务。高门士族凭借着高贵血统，可以不费吹灰之力便致公卿，不必有经世之才，也不需要在政治上有所作为。至东晋末年，高门士族大多鄙薄武事，不肯屈志戎旅，逐渐丧失了军事指挥权。

士族的显著特征之一还有文化上的优势，这往往成为名士风流的重要表现。陈寅恪说：“所谓士族者，其初并不专用其先代之高官厚禄为其唯一之表征，而实以家学及礼法等标异于其它诸姓。”又说：“夫士族之特点既在其门风之优美，不同于凡庶，而优美之门风实基于学业之因袭。故士族家世相传之学业乃与当时之政治社会有极重要之影响。”（《唐代政治史述论稿·政治革命及党派分野》）举例来说，陈郡谢氏工诗，琅邪王氏工书，等等。

刘裕、刘义庆所属的彭城刘氏，其家族门第并不是高门士族。义熙十一年（415），刘裕征讨平西将军、荆州刺史司马休之，司马休之上表自陈，称刘裕“布衣匹夫”（《宋书·武帝本纪中》）。与刘裕同时的后秦国主姚兴、北魏名臣崔浩都曾评价刘裕，姚兴说他“拔起细微”（崔鸿《十六国春秋》卷五十七《后秦录五》），崔浩则说他“奋起寒微”。《魏书·岛夷刘裕传》亦云：“岛夷刘裕，字德舆，晋陵丹徒人也。其先不知所出，自云本彭城彭城人，或云本姓项，改为刘氏，然亦莫可寻也，故其与丛亭、安上诸刘了无宗次。裕家本寒微，住在京口，恒以卖履为业。意气楚剌，仅识文字，樗蒲倾产，为时贱薄。”尽管司马休之是刘裕的政敌，魏收以北人修南朝历史，皆难免有轻视之意，但姚兴和崔浩对刘裕都赞赏有加，评价是肯定的，他们都认为刘裕出身“布衣”“寒微”“细微”，应该是当时共同的认识。《魏书》叙述刘裕的情况，注意从其家世、经济、为人与文化几个方面把握其“寒微”的特征，与沈约《宋书》、李延寿《南史》对刘裕的家族门第多有美化相比，其概括反而更为客观近实。陈寅恪说：“按魏收于宋高祖不迳称之为楚，在于魏收以其家世所出，至为卑贱，籍贯来历不明，未肯以之与楚人桓、萧并列。”（《陈寅恪魏晋南北朝史讲演录·楚子集团与江左政权的转移》）其《魏书司马叡传江东民族条释证及推论》（见《金明馆丛稿初编》）亦云：“（南朝宋、齐、梁、陈、皇室）是皆与东晋皇室同时南渡之北人也。刘陈二族，出自寒微，以武功特起。二萧氏之家世，虽较胜于宋陈帝室，然本为将家（详见《南齐书·高祖纪上》所述皇考承之及《南史·陆梁本纪上》所记皇考顺之事迹），亦非文化显族，自可以善战之社会阶级视之。”对于刘裕家族门第的认定，陈寅恪《述东晋王导之功业》（见《金明馆丛稿初编》）称之为“次等士族”，田余庆《东晋门阀政治》接受了这一说法，基本成为学术界的共识。祝总斌《刘裕门第考》一文据渡江以后刘裕家族及其婚姻家族人物所任官位的情况进行分析论证，同意陈寅恪的看法，但认为称“低级士族”更准确一些。本书采用陈寅恪的说法，以刘裕为东晋末年次等士族的代表。

东晋门阀政治的转折点是秦晋淝水之战。在此之后，士族当权人物陆续凋零，继起的士族人物中未能出现像王导、谢安那样出色的政治家。晋孝武帝司马曜开始依靠母弟会稽王司马道子伸张皇权，这种政治斗争的结果是破坏了门阀统治的均衡局面，并诱发各种社会矛盾。就在此时，一直受高门士族排挤的次等士族得到了追求政治权力与地位的机会。刘裕在京口重组北府势力，孙恩、卢循以道术聚众起事，以武力摧毁了门阀政治。田余庆将刘裕视为门阀政治的掘墓人，认为门阀政治终结于刘裕之手。刘裕代晋之后，门阀士族虽仍然存在，但已无法成为决定性的政治力量。（《东晋门阀政治·刘裕与孙恩——门阀政治的“掘墓人”》）

高门士族与次等士族虽皆属于士族，但地位与权利天差地别，矛盾重重。即以刘裕本人而言，早年曾颇受凌辱，掌权之后则对豪门士族予以打击。如《宋书·武帝本纪上》载：“尚书左仆射王愉、愉子荆州刺史绥等，江左冠族。绥少有重名，以高祖起自布衣，甚相凌忽。绥，桓氏甥，亦有自疑之志。高祖悉诛之。”又刁逵，兄弟子侄并历显职，皆“不拘名行，以货殖为务，有田万顷，奴婢数千人，余资称是”(《晋书》卷六十九《刁逵传》)。《宋书·武帝本纪上》载其与刘裕的一起纠葛：“初高祖家贫，尝负刁逵社钱三万，经时无以还。逵执录甚严，王谧造逵见之，密以钱代还，由是得释。高祖名微位薄，盛流皆不与相知，唯谧交焉。”桓玄篡位，刁逵被任命为西中郎将、豫州刺史，兄弟子侄皆被重用。刘裕起义，刁氏皆与之为敌，最后刁逵等被杀，“子侄无少长皆死，惟小弟骋被宥，为给事中，寻谋反伏诛，刁氏遂灭。刁氏素殷富，奴客纵横，固吝山泽，为京口之蠹。裕散其资蓄，令百姓称力而取之，弥日不尽。时天下饥弊，编户赖之以济焉”(《晋书·刁逵传》)。

《宋书·武帝本纪中》又载：“晋自中兴以来，治纲大弛，权门并兼，强弱相凌，百姓流离，不得保其产业。桓玄颇欲厘改，竟不能行。公既作辅，大示轨则，豪强肃然，远近知禁。至是会稽余姚虞亮复藏匿亡命千余人。公诛亮，免会稽内史司马休之。”

虽受到打击，但高门士族毕竟仍是十分强大的社会力量，刘裕对他们也要依靠和利用。所以，他承认门阀大族的门第，经济上给予他们一定的实惠，但削弱他们的实权，选拔才能卓著的人充实政府机构。在经济上，义熙九年(413)开始，刘裕继续执行“土断”，取消侨置郡县，把侨寓户口编入所在郡县籍册，清出门阀大族非法挟藏的大量户口，取得很好的效果。他还禁止豪强封占山泽。这些措施大大削弱了大族势力，增强了国家的实力。

高门士族借以自傲的一大因素是其在文化上的优势。这一点确是刘裕及其家族的软肋。《宋书》卷五十二史臣曰：“高祖虽累叶江南，楚言未变，雅道风流，无闻焉尔。”西晋都洛阳，故洛音为标准音。渡江之后，因为皇室与主要当权者皆自北来，所以士大夫说话仍是洛音。不能作洛音者，会被上流社会轻视。刘裕家本彭城，为西楚，但已累世江南，然而楚言未变。其弟刘道怜亦然，前文引《宋书》刘道怜本传说他“言音甚楚”。雅道风流，可以理解为名士风流，与刘裕几乎是不沾边儿的事。这在《宋书》《南史》等相关文献中颇有记录。如刘裕字写得不好：

> 高祖举止施为，穆之皆下节度。高祖书素拙，穆之曰：“此虽小

事，然宣彼四远，愿公小复留意。”高祖既不能厝意，又禀分有在。穆之乃曰：“但纵笔为大字，一字径尺，无嫌。大既足有所包，且其势亦美。”高祖从之，一纸不过六七字便满。(《宋书》卷四十二《刘穆之传》)

又刘裕文学水平不高。据《南史》卷十九《谢晦传》：“帝于彭城大会，命纸笔赋诗，晦恐帝有失，起谏帝，即代作曰：‘先荡临淄秽，却清河洛尘。华阳有逸骥，桃林无伏轮。’”此是得意忘形，欲附庸风雅，却无其才。

刘裕不懂音乐。《南史》卷一《宋本纪》曰：“初，朝廷未备音乐，长史殷仲文以为言，帝曰：‘日不暇给，且所不解。’”

刘裕没有学问，名士风流中最重要的活动是清谈，这是他无法胜任的事。如：

高祖少事戎旅，不经涉学，及为宰相，颇慕风流，时或言论，人皆依违之，不敢难也。鲜之难必切至，未尝宽假，要须高祖辞穷理屈，然后置之。高祖或有时惭恧，变色动容，既而谓人曰：“我本无术学，言义尤浅。比时言论，诸贤多见宽容，唯郑不尔，独能尽人之意，甚以此感之。”时人谓为“格佞”。(《宋书》卷六十四《郑鲜之传》)

无论他人的“不敢难”，还是郑鲜之的“难必切至，未尝宽假”，都反映了高级士族对刘裕“不学”的蔑视。

因此孙楷第《刘裕与士大夫》总结说：“说京洛话，写得好字，作得好诗，能谈义，这四样是士大夫的装饰品。刘裕一样也不会。”

刘裕的两个儿子刘义季与刘义康的文化修养也都较低。《宋书·武三王传》曰：“(衡阳王)义季素拙书，上听使余人书启事，唯自署名而已。”《南史·宋宗室及诸王上·刘义康传》则记载了这样一个故事：

义康素无术学，待文义者甚薄。袁淑尝诣义康，义康问其年，答曰：“邓仲华拜衮之岁。”义康曰：“身不识也。”淑又曰：“陆机入洛之年。”义康曰：“身不读书，君无为作才语见向。”其浅陋若此。

笔者案：袁淑当时二十四岁。他没有直接回答刘义康关于自己年龄的提问，而是用了两个典故。一是“邓仲华拜衮之岁”。据《后汉书》卷十六《邓禹传》，邓禹，字仲华，南阳新野人。光武拜为前将军，持节，中分麾下精兵二万人，遣西入关，斩将破关、平定山西，及光武即位于鄗，使使者持节，拜禹为大司徒，封酂侯，食邑万户。禹时年二十四。二是“陆机入洛之年”。陆机何时入洛？这一问题学术界目前存在争论，但袁淑认定为其二十四岁时。刘义康听不懂，可见是不读书的。

随着权力的扩大与政治地位的提高，刘裕在文化上也向高门士族靠拢。据《宋书》卷六十三《王昙首传》，王昙首随刘裕行至彭城，大会戏马台，豫坐者皆赋诗。王昙首文先成，刘裕览读，因问王弘曰：“卿弟何如卿？”王弘答曰：“若但如民，门户何寄。”刘裕大笑。又《南史·谢晦传》，刘裕于彭城大会，命纸笔赋诗，谢晦代作后，群臣并作。又刘裕闻咸阳沦没，欲复北伐，谢晦谏以士马疲怠，乃止。于是登城北望，慨然不悦，乃命群僚诵诗。谢晦咏王粲诗曰：“南登霸陵岸，回首望长安。悟彼下泉人，喟然伤心肝。”刘裕流涕不自胜。又《南史》卷二十七《孔靖传》，孔靖，字季恭，会稽山阴人。宋台初建，拜侍中、特进、左光禄大夫。辞事东归，刘裕亲饯之戏马台，百僚咸赋诗，以述其美。谢瞻、谢灵运皆有《九日从宋公戏马台集送孔令诗》，保存在《文选》中，就是此次雅集的作品。唐欧阳询《艺文类聚》卷十四引沈约《梁武帝集序》，说刘裕“虽阙章句”，但亦“好清谈于暮年”。在这些活动中，刘裕是组织者，也很想做一个参与者。他这样做，固然有政治上、文化上的需要，但出于本心的向往也是很明显的。

另一方面，刘裕重视教育，永初三年(422)春正月诏曰：“古之建国，教学为先，弘风训世，莫尚于此，发蒙启滞，咸必由之。故爰自盛王，迄于近代，莫不敦崇学艺，修建庠序。自昔多故，戎马在郊，旌旗卷舒，日不暇给。遂令学校荒废，讲诵蔑闻，军旅日陈，俎豆藏器，训诱之风，将坠于地。后生大惧于墙面，故老窃叹于子衿。此《国风》所以永思，《小雅》所以怀古。今王略远届，华域载清，仰风之士，日月以冀。便宜博延胄子，陶奖童蒙，选备儒官，弘振国学。主者考详旧典，以时施行。”

宋叶适《习学记言序目》卷三十一曰：“曹操既得重位，父子自作风流，领接一世。刘裕已有权任，父子慕当时风流，与兵力参用。成魏晋之俗者，操也；不坠晋之遗风者，裕也。”在叶适看来，曹氏父子，邺下风流，开建安风骨，令后人景慕。刘裕父子，虽无开创之功，但能不坠晋之遗风，亦值得肯定。这是比较公允的看法。

在刘裕的努力以及表率作用之下，整个皇族的文化素养自然有所提高，出现了两位沾沐士族风尚又有良好文化修养的人物，一个就是本书的主人公刘义庆，另外一个是刘裕的儿子宋文帝刘义隆。刘义隆是南朝宋第三位皇帝，《宋书》《南史》《建康实录》本纪都说他"博涉经史，善隶书"。《宋书》卷九十五《索虏传》载其元嘉二十三年(446)诏曰："吾少览篇籍，颇爱文义，游玄玩采，未能息卷。"《宋书·刘义庆传》云："太祖(文帝)与义庆书，常加意斟酌"，也说明他对于辞章的重视。宋文帝对文人也颇多礼遇。

宋文帝在文化上最大的建树是建立了儒学、玄学、文学、史学四馆。唐许嵩《建康实录》卷十二《太祖文皇帝》曰："是月(元嘉十五年冬十月)，立儒学于北郊，延雷次宗居之，辞入宫掖，乃自华林东阁入讲于延贤堂。明年，丹杨尹何尚之立玄学，著作郎何承天立史学，司徒参军谢元立文学，各集门徒，多就业者。"[1]因此裴子野《宋略总论》曰："上(宋文帝)亦蕴藉义文，思弘儒府。庠序建于国都，四学闻乎家巷。天子乃移跸下辇以从之，束帛谦语以劝之。士莫不敦悦诗书，沐浴礼义。……冠冕之流，雍容如也。于是文教既兴，武功亦著。"(宋李昉等《文苑英华》卷七百五十四)

3. 所处的时代

刘义庆生当晋末宋初，正是一个变乱的时代，也是一个门阀政治行将结束，重归于皇权政治的时代。淝水之战后不久，谢安病逝。孝武帝以司马道子领扬州刺史、录尚书、都督中外诸军事。后又惧道子权重，以王恭为青、兖二州刺史，镇京口，用殷仲堪为荆州刺史，镇江陵，以相牵制。太元二十一年(396)，孝武帝死，其子司马德宗继位，是为晋安帝。王恭与司马道子的争夺十分激烈。先是司马道子任用王国宝、王绪以对抗王恭与殷仲堪，晋安帝隆安元年(397)，王恭、殷仲堪起兵，以讨王国宝为名，司马道子诛王国宝，王恭退还京口。司马道子又任命其子司马元显为征虏将军，领

---

① 《宋书·雷次宗传》亦载此事，时间上系于元嘉十五年，《南史》《资治通鉴》承之，应以上引《建康实录》标示之时间为准。曹道衡、沈玉成《中古文学史料丛考》有具体的考证。

卫将军府兵和徐州兵，并以王国宝兄王瑜为江州刺史。隆安二年(398)，王恭与豫州刺史庾楷起兵，攻王瑜。桓玄、殷仲堪、杨佺期等皆起兵欲助王恭，然而王恭部北府兵将领刘牢之叛投司马元显，王恭兵败被杀。

司马元显一度执掌东晋政权。因征调东土诸郡已免奴为客者，移置京师，以充兵役，称为“乐属”，人不堪命，天下苦之。隆安三年十月，五斗米道徒孙恩利用民众的不满情绪发动叛乱，攻占上虞、会稽。司马元显带兵镇压，刘牢之领兵协助，刘裕正于此时投身于刘牢之帐下。第二年初，孙恩战败，率二十多万人退入海岛。之后，孙恩几次登陆，先后斩杀徐州刺史谢琰于会稽、吴国内史袁山松于沪渎，分别被刘牢之、刘裕所败。晋安帝元兴元年(402)三月，孙恩进攻临海失败，投水而死。

隆安三年，桓玄袭杀殷仲堪和杨佺期，控制了荆州广大地区，与东晋朝廷矛盾加剧。元兴元年，司马元显以镇北将军刘牢之为前锋都督，自为骠骑大将军、征讨大都督，都督十八州诸军事。桓玄率军东下，于姑熟大败豫州刺史司马尚之。刘牢之叛降桓玄。桓玄攻入建康，杀死司马道子与司马元显父子。不久之后又杀刘牢之及其他北府军将领，以图消灭北府军势力。元兴二年(403)，桓玄先称大将军、楚王，年底废晋安帝，自立为皇帝，国号楚。元兴三年二月，北府兵将领刘裕在京口、刘毅在广陵同日举兵，向建康进发。桓玄遣军迎敌，失利，向西撤退到荆州，整顿军队，从江陵东下，与刘裕的军队大战于峥嵘洲，兵败被杀。义熙元年(405)，因击败桓玄，迎安帝复位，刘裕被任命为扬州刺史，加录尚书事，开始执掌东晋的大权。

北方的南燕君主慕容超见东晋内乱，有机可乘，派兵侵入东晋边境。义熙五年，刘裕率军北伐，与南燕的军队大战于临朐南，几乎消灭其全部主力部队。第二年二月，刘裕攻下广固，生擒慕容超，灭南燕，收复了青、兖二州的广大地区。

就在刘裕取得南燕战事的胜利之时，孙恩余部卢循(孙恩的妹夫)、徐道覆于义熙五年二月起兵，卢循自始兴(今广东韶关西)，徐道覆出南康、庐陵、豫章，接连打败何无忌和刘毅，声威大震，进攻建康。刘裕已赶回建康，坚守不出。卢、徐因军队给养困难，两个月后南撤浔阳。后又攻打荆州，失败退兵。义熙六年初，他们相继被东晋军队攻灭，徐道覆被杀，卢循投水而死。

至此，东晋的政治已牢牢掌握在刘裕手中，他对内清除异己，在接下来的几年里消灭了刘毅、诸葛长民、司马休之与割据益州自称成都王的谯纵等势力，对外乘姚兴死、姚泓即位未稳、内部争斗之机，出兵征讨后秦。次年攻克长安，姚泓投降，后秦灭亡。因刘裕所倚重的刘穆之病死建康，刘裕匆匆返回。随后夏主赫连勃勃攻取咸阳，关中复失。

回朝后，刘裕被封为宋王。晋安帝元熙二年(420)，刘裕废掉晋恭帝司马德文，自立为帝，改国号宋，改元永初，东晋灭亡。

刘裕在位三年，病死，长子刘义符继位，是为宋少帝。刘义符居丧无礼，又好游狎，不理国政，很快被徐羡之、傅亮等废掉。刘义隆继立为帝，是为宋文帝，改元元嘉。宋文帝当政期间，社会稳定，经济发展，呈现繁荣景象，史称“元嘉之治”。元嘉后期，宋与北魏频繁发生战争，元嘉二十七年(450)，宋文帝出兵北伐，为魏军所败。其后魏主拓跋焘率领六十万大军南下，烧杀抢掠，威逼建康，江淮之间损失惨重，元嘉之治就此衰落。前引辛弃疾词《永遇乐·京口北固亭怀古》下片“元嘉草草，封狼居胥，赢得仓皇北顾”数句，即咏此事。

图4　刘义隆

元嘉三十年(453)，太子刘劭弑宋文帝，自立为帝，引起宗室诸王不满，其弟刘骏在沈庆之等人帮助下，发兵攻打刘劭，斩之于台城，自立为帝，是为宋孝武帝。刘骏在位期间，南郡王刘义宣、竟陵王刘诞、海陵王刘休茂相继叛乱，刘宋朝从此陷入骨肉相残的混乱中。

二、刘义庆的生平仕历与元嘉时期的政治风云

刘义庆自幼便为刘裕所知赏，常说："此我家丰城也。"（《宋书》刘义庆本传）"丰城"是比喻的说法[①]，刘裕以剑中神品喻刘义庆，称赞其为家族精英，很是看重。

刘义庆的生平仕历与事迹主要见于《宋书》卷五十一《宗室·刘道规传》附《刘义庆传》与《南史》卷十三《宋宗室及诸王上·临川烈武王道规传》所附《刘义庆传》，此外《宋书》之《文帝本纪》《符瑞志》等篇章、《资治通鉴·宋纪》以及其他一些文献中也有相关内容，但总体上看材料不多，且较零散。现略述之如下：

1. 生平仕历

刘义庆生于晋安帝元兴二年（403），正当东晋末年的乱世，这一年的十二月，桓玄篡帝位，迁天子于寻阳，后为刘裕所灭。

晋安帝义熙八年（412），刘义庆十岁。这一年八月，叔父刘道规去世，因其无子，以义庆为嗣。

---

① 据《晋书》卷三十六《张华传》，张华夜观天象，发现斗牛之间常有紫气，闻豫章人雷焕妙达纬象，便邀其一起登楼仰观，雷焕亦察之已久，并言是宝剑之精上彻于天，其地在豫章丰城。张华于是任命雷焕为丰城令，雷焕到县，掘狱屋基，入地四丈余，得一石函，光气非常，中有双剑，并刻题，一曰龙泉，一曰太阿。以南昌西山北岩下土拭剑，光芒艳发。大盆盛水，置剑其上，视之者精芒炫目。雷焕遣使送一剑并土与张华，留一剑自佩。张华致书雷焕，云详观剑文，所得剑乃干将，问莫邪为何不至，又言双剑为天生神物，终当相合。张华被杀后，其剑不知所终。雷焕卒后，其剑为其子雷华所佩，行经延平津，此剑忽于腰间跃出堕水，使人没水取之，不见剑，但见两龙各长数丈，蟠萦有文章。须臾光彩照水，波浪惊沸，于是失剑。王勃《滕王阁序》"物华天宝，龙光射牛斗之虚；人杰地灵，徐孺下陈蕃之榻"所用即此典故。

义熙十一年(415),刘义庆十三岁,袭封南郡公。除给事,不拜。第二年,随刘裕伐长安。义熙十二年,刘义庆镇寿春[①],义熙十三年又镇寿阳[②]。义熙十四年正月,刘裕取胜归来后任之为辅国将军、北青州刺史,未之任,徙督豫州诸军事、豫州刺史,复督淮北诸军事,豫州刺史、将军并如故。

公元420年,刘义庆十八岁,刘裕代晋自立,建立宋朝,改元永初。追封司徒刘道规为临川王,刘义庆袭封临川王,征为侍中。

刘裕卒后,经过宋少帝刘义符的短暂统治时期,宋文帝取得帝位,元嘉元年(424),刘义庆二十二岁,转散骑常侍,秘书监,徙度支尚书,迁丹阳尹,加辅国将军,常侍并如故。

元嘉六年,刘义庆二十七岁,为尚书左仆射。

元嘉八年,刘义庆二十九岁。太白星犯右执法。古人认为天象与人事有密切的关系,对人事有预警作用,刘义庆害怕会有灾祸降临,于是乞求外镇。文帝刘义隆下诏,说天象不可凭据,并举之前遭此异象者如晋孝武帝等皆无事之例,认为天道辅仁福善,不足横生忧惧,百般劝慰。又强调刘义庆乃国家重臣,因地位之重,自然会产生盛衰之感。刘义庆固求解仆射,乃许之,加中书令,进号前将军,常侍、尹如故。

元嘉九年,刘义庆三十岁。在京尹九年,出为使持节,都督荆、雍益、宁、梁、南北秦七州诸军事,平西将军,荆州刺史。荆州居上流之重,地广兵强,资食兵甲,居朝廷之半,所以刘裕称帝后一直使诸子居之。刘义庆以宗室令美,故特有此授,可见其当时之地位。刘义庆生性谦虚、仁民爱物,始至及去镇,迎送物并不受。

元嘉十年(433),刘义庆三十一岁。上一年,仇池大饥,益、梁州丰稔,梁州刺史甄法护在任失和,氐帅杨难当因此寇汉中。本年二月,刘义庆派兵增援。但史书所载有异,《宋书》卷七十八《萧思话传》说平西将军临川王义庆遣龙骧将军裴方明三千人赴,《宋书》卷四十五《刘粹传》附《刘道济传》则说平西将军临川王义庆,以扬武将军、巴东太守周籍之即本号督巴西、梓潼、宕渠、遂宁、巴郡五郡军事,巴西、梓潼二郡太守,率平西参军费

① 刘义庆镇寿春,系据《南齐书》卷十四《州郡志上》。
② 刘义庆镇寿阳,系据《宋书》卷三十六《州郡志》。

淡、龙骧将军罗猛二千人援成都。《资治通鉴》卷一百二十二《宋纪》四略同于后者。

元嘉十六年(439),刘义庆三十七岁,改授散骑常侍、都督江州豫州之西阳晋熙新蔡三郡诸军事、卫将军、江州刺史,持节如故。第二年,以本号都督南兖徐兖青冀幽六州诸军事、南兖州刺史,寻加开府仪同三司[①]。

元嘉二十年,刘义庆四十一岁,在广陵,有疾,而白虹贯城,野麏入府,心甚恶之,固陈求还。文帝许解州,以本号还朝。南朝宋刘敬叔《异苑》卷一亦载此事,颇具神怪色彩:

> 长沙王道怜子义庆,在广陵卧疾。食次,忽有白虹入室,就饮其粥。义庆擲器于阶,遂作风雨声,振于庭户,良久不见。

元嘉二十一年,刘义庆薨于京邑,时年四十二岁。追赠侍中、司空,谥曰康王。

吹虎賁班劒百人義慶幼爲高祖所知常曰此
我家豐城也年十三襲封南郡公除給事不拜
義熙十二年從伐長安還拜輔國將軍北青州刺
史未之任徙督豫州諸軍豫州刺史復督淮北
諸軍事豫州刺史將軍並如故永初元年襲封
臨川王徵爲侍中元嘉元年轉散騎常侍秘書
監徙度支尚書遷丹陽尹加輔國將軍常侍並
如故時有民黃初妻趙殺子婦遇赦應徙送避
孫讎義慶曰案周禮父母之仇避之海外雖遇
市朝闘不反兵蓋以莫大之冤理不可奪含戚
枕戈義許必報不至於親戚爲戮骨肉相殘故
道乖常憲記無定准求之法外裁以人情且禮
有過失之宥律無讎祖之文況趙之縱暴本由
於酒論心即實事盡荒耄之王母等行路之深
讎臣謂此孫忍愧銜悲不違子義共天同域無
虧孝道六年加尚書左僕射八年太白星犯右
執法義慶懼有災禍乞求外鎮太祖詔譬之曰
玄象茫昧既難可了且史家諸占各有異同兵

图5 《宋书·刘义庆传》(明国子监本)

2. 避仇之议

元嘉元年,发生了一件这样的事:会稽剡县人黄初的妻子赵氏醉酒将儿媳王氏打死,刘义隆即皇帝位,大赦天下,得以免于死罪,但按照法律,

---

① 刘义庆加开府仪同三司,准确时间在元嘉十八年。《宋书·文帝本纪》曰:"(元嘉十八年)夏五月壬午,卫将军南兖州刺史临川王义庆、征北将军南徐州刺史南谯王义宣并开府仪同三司。"

还要将其流放到两千里外，以防止孙子黄称为母亲报仇。这里需要交代一下，移乡避仇是古代的法律规定，具体内容是，如果杀人者遇赦免刑，而被杀者家中尚有近亲属，为执行赦令，又防止仇杀，被赦者不得返居故乡，要移居千里之外落户。但赵氏杀人的情况显然比较特殊，她杀死的是自己的儿媳，需要防备的是孙子的复仇。对此，刘义庆上表议曰：

> 案《周礼》，父母之仇，避之海外，虽遇市朝，斗不反兵。盖以莫大之冤，理不可夺，含戚枕戈，义许必报。至于亲戚为戮，骨肉相残，故道乖常宪，记无定准，求之法外，裁以人情。且礼有过失之宥，律无仇祖之文。况赵之纵暴，本由于酒，论心即实，事尽荒耄。岂得以荒耄之王母，等行路之深仇。臣谓此孙忍愧衔悲，不违子义，共天同域，无亏孝道。

刘义庆所据《周礼》云云，实际上是杂糅了《周礼》与《礼记》的相关内容。《周礼·地官司徒下》："调人掌司万民之难而谐和之。……凡和难，父之仇辟诸海外，兄弟之仇辟诸千里之外。"《礼记·檀弓上》："子夏问于孔子曰：'居父母之仇如之何？'夫子曰：'寝苫枕干，不仕，弗与共天下也。遇诸市朝，不反兵而斗。'"孔子认为，父母之仇不共戴天，有此仇恨的人，应该枕着盾牌睡在草垫上，不出来做官，随时带着兵刃，无论在集市还是官府，只要遇到仇人，就拿出武器报仇。而就国家层面而言，则需要采取措施以调解冤仇，杀人父母的，要他躲到海外去。发展到后来，就是上面说到的移乡避仇之律。刘义庆看到赵氏杀媳一案的特殊性，即骨肉相残，不同于一般杀人，且赵氏系酒后昏聩失手打死儿媳，法律之外，更要裁以人情，认为黄称对其年迈的祖母赵氏，应该克制自己的悲伤，不至有"行路之深仇"，因此主张赵氏不应流放。

在当时的礼、法环境下，我们能够看出，刘义庆的处置意见是通达而合理的。明人姜南评价说："汉晋六朝有避仇之律，此议甚当。"（《蓉塘诗话》卷一"刘义庆议避雠"条）此事亦见于《宋书》卷五十五《傅隆传》，傅隆时任司徒左长史，亦有详论，与刘义庆观点一致。后来这件事的处理也采纳了二人的意见。

3. 举荐人才

刘义庆在荆州，“留心抚物，州统内官长亲老，不随在官舍者，年听遣五吏饷家”（《宋书》本传），对于州内贤才高士，多礼遇有加，并予以荐举。元嘉十二年（435），文帝下诏，普使内外群官举士，刘义庆上表举荐庾寔、龚祈、师觉。其文曰：

诏书畴咨群司，延及连牧，旌贤仄陋，拔善幽遐。伏惟陛下惠哲光宣，经纬明远，皇阶藻耀，风猷日升，而犹询衢室之令典，遵明台之睿训，降渊虑于管库，纡圣思乎版筑，故以道邈往载，德高前王。臣敢竭虚暗，祇承明旨。伏见前临沮令新野庾寔，秉真履约，爱敬淳深。昔在母忧，毁瘠过礼，今罹父疚，泣血有闻。行成闺庭，孝著邻党，足以敦化率民，齐教轨俗。前征奉朝请武陵龚祈，恬和平简，贞洁纯素，潜居研志，耽情坟籍，亦足镇息颓竞，奖勖浮动。处士南郡师觉，才学明敏，操介清修，业均井渫，志固冰霜。臣往年辟为州祭酒，未污其虑。若朝命远暨，玉帛遐臻，异人间出，何远之有。

龚祈、师觉皆于史有传：

龚祈，字孟道，武陵汉寿人也。从祖玄之，父黎民，并不应征辟。祈年十四，乡党举为州迎西曹，不行。谢晦临州，命为主簿，彭城王义康举秀才，除奉朝请，临川王义庆平西参军，皆不就。风姿端雅，容止可观，中书郎范述见而叹曰：“此荆楚仙人也。”……时或赋诗，言不及世事。（《宋书》卷九十三《隐逸传》，又见《南史》卷七十五《隐逸传上》，而较为简略）

（师觉授）与外兄宗少文并有素业，以琴书自娱。……后撰《孝子传》八卷。宋临川王义庆辟为州祭酒、主簿，并不就。乃表荐之，会卒。（《南史》卷七十三《孝义传上》，《宋书》卷九十三《隐逸传》所载与此略同。师觉授，《宋书》刘义庆本传作“师觉”）

又有刘凝之，字志安，小名长年，南郡枝江人。“凝之慕老莱、严子陵为人，推家财与弟及兄子，立屋于野外，非其力不食，州里重其德行。”“临川王刘义庆、衡阳王刘义季镇江陵，并遣使存问。凝之答书顿首称仆，不修民礼，人或讥焉。”“性好山水，一旦携妻子泛江湖，隐居衡山之阳。登高岭，绝人迹，为小屋居之，采药服食，妻子皆从其志。”(《宋书》卷九十三《隐逸传》)

4. 营建楼阁

刘义庆任职地方期间，对营建楼阁颇有兴趣，仅就有限的文献记述，我们至少知道他在荆州兴建了栖霞楼、一柱观、竹林堂与清暑台，在浔阳兴建了凌烟楼。

唐徐坚《初学记》卷二十四《居处部·楼第五》“凌云栖霞”条引盛弘之《荆州记》曰：“城西百余步，有栖霞楼，宋临川康王置。”郦道元《水经注》卷三十四《江水》亦载：“(江陵)城西有栖霞楼，俯临通隍，吐纳江流。”对于栖霞楼的具体环境，王韶之《始兴记》曰：“城西百余步，有栖霞楼，临川王营置。清暑游焉。罗君章居之，因名为罗公洲。楼下洲上，果竹交荫，长杨傍映，高梧前竦。虽即城隍，趣同丘壑。”(《太平御览》卷六十九引)罗君章即罗含，所谓罗公洲，《晋书》卷九十二《文苑·罗含传》有相关记载：“(罗含)转(荆州)州别驾，以廨舍喧扰，于城西池小洲上立茅屋，伐木为材，织苇为席而居，布衣蔬食，晏如也。”

刘义庆在罗公洲还建有一柱观。宋王象之《舆地纪胜》卷六十四《荆湖北路》“一柱观”条：“《皇朝郡县志》云在松滋县东丘家湖中。按《渚宫故事》：宋临川王义庆在镇，于罗公洲立观，甚大，而惟一柱。梁刘孝绰诗云：‘经从一柱观，出入三休台。’杜甫诗云……张说诗云……”

刘义庆又建竹林堂与清暑台。宋乐史《太平寰宇记》卷一百四十六《山南东道五·荆州》引《渚宫故事》云：“……竹林堂，宋临川王义庆所造，梁元帝因而修[之]。庭前有竹名桂竹……其西有筱箭……其花卉虽繁，竹林弥盛。昔豫章以树名郡，酸枣以枣为邦，故号竹林堂。清暑台，一名大暑台，台在江陵城东北二十一里罗含宅。”[①]考之《舆地纪胜》卷六十四《荆湖北路》“清暑台”条：“《寰宇记》云在江陵城东北二十里。旧经云宋临川王义庆在镇修清暑台。”《水经注》卷二十八《沔水》：“湖东北有大暑台，高六丈余，纵广八尺，一名清暑台，秀宇层明，通望周博，游者登之，以畅远情。”

凌烟楼在浔阳，鲍照《凌烟楼铭并序》原注云：“宋临川王起。”应建于刘义庆江州刺史任上。鲍照序及铭曰：“臣闻凭飙荐响，唱微效长。垂波鉴景，功少致深。是以冰台筑乎魏邑，凤阁起于汉京，皆所以赞生通志，感悦幽情者也。伏见所制凌烟楼，栖置崇迴，延瞰平寂，即秀神皋，因基地势。东临吴甸，西眺楚关。奔江永写，鳞岭相葺。重树穷天，通原尽日。悲积陈古，赏绝旧年。诚可以晖旷高明，藻彻远心矣。大识缘感倾，事待言彰，匪言匪述，绵世罔传。敢作铭曰：岩岩崇楼，藐藐层隅。阶基天削，户牖云区。瞰江列楹，望景延除。积清风露，合彩烟涂。俯窥淮海，俛眺荆吴。我王结驾，藻思神居。宜此万春，修灵所扶。”（清严可均《全上古三代秦汉三国六朝文·全宋文》卷四十七）

5. 招聚文学之士

彭城刘氏，并不以文学见长。刘裕取得帝位之后，虽对教育有所重视并采取了一定的措施，但皇族成员的文化修养仍然无法与那些高门士族相比。而刘义庆是个例外，他爱好文义，并对魏晋名士风流十分倾心。《宋书》本传云：

> （义庆）为性简素，寡嗜欲，爱好文义，文词虽不多，然足为宗室之表。……招聚文学之士，近远必至。太尉袁淑，文冠当时，义庆在江州，请为卫军谘议参军；其余吴郡陆展、东海何长瑜、鲍照等，并为辞章之美，引为佐史国臣。太祖与义庆书，常加意斟酌。

在中国文学史上，文人集团是一个特别值得重视的文学现象，出现过

① 之，据明陈耀文《天中记》卷五十三所引补。

一些著名的文人集团，如汉初以枚乘、司马相如、邹阳等人为核心的梁孝王文人集团，汉末以曹丕、曹植、王粲、陈琳等人为核心的邺下文人集团等。刘义庆招聚文学之士，形成了刘宋时期的重要文人集团。这一文人集团的全部成员，已不可确考，除上面所列的袁淑、陆展、何长瑜、鲍照等人之外，曹道衡、沈玉成《中古文学史料丛考》（下文简称曹沈《丛考》）卷三《宋齐·刘义庆幕中文士》又考得四人：何偃、萧思话、张畅、盛弘之。[①]这些人并不是同一时间、同一地点聚集于刘义庆帐下的，追随刘义庆的时间长短也有所不同，但主要是刘义庆在荆州任刺史时（详见下文考证）。另外，出身琅邪王氏的王僧达，虽非刘义庆幕府文人，但其为刘义庆之婿，应与刘义庆文学集团有较为密切之关系。现简要考之于下：

袁淑，字阳源，陈郡阳夏人，丹阳尹袁豹少子。少有风气，年数岁，伯父袁湛谓家人曰："此非凡儿。"至十余岁，为姑夫王弘所赏。不为章句之学，而博涉多通，好属文，辞采遒艳，纵横有才辩。彭城王刘义康命为军司祭酒。刘义康不好文学，虽外相礼接，意好甚疏。从母兄刘湛，欲其附己，而袁淑不以为意，由是大相乖失，以久疾免官。补衡阳王刘义季右军主簿，迁太子洗马，以脚疾不拜。卫军临川王刘义庆雅好文章，请为谘议参军。顷之，迁司徒左西属。出为宣城太守，入补中书侍郎，以母忧去职。服阕，为太子中庶子。又历尚书吏部郎、始兴王征北长史、南东海太守、御史中丞、太子左卫率等。元嘉三十年（453），太子刘劭弑宋文帝，袁淑不从刘劭，亦被杀。世祖孝武帝即位，赠侍中、太尉，谥曰忠宪公。（据《宋书》卷七十《袁淑传》）钟嵘《诗品》将其列为中品。《隋书·经籍志》（下文简称《隋志》）著录："《宋太尉袁淑集》十一卷，并目录。梁十卷，录一卷。"刘义庆为卫将军、江州刺史在元嘉十六年，元嘉十七年即离开江州改任南兖州刺史，又由《宋书》刘义庆本传所述，义庆在江州，请袁淑为卫军谘议参军，又袁淑在刘义庆帐下时间不长即迁司徒左西属，则袁淑在刘义庆府的时间应是元嘉十六年。

陆展生平事迹不详，据《宋书》卷六十六《何尚之传》、卷九十二《良吏·

① 该书又列刘义庆辟而不就者二人：羊欣、师觉授。然既辟而不就，自非刘义庆幕府文士，故本书不列之。

陆徽传》，知其为陆徽弟，吴郡吴人，曾为车骑将军臧质长史、寻阳太守，丞相、南郡王刘义宣与臧质谋反，事败后陆展亦被诛。《隋志》著录亡书有南海太守《陆展集》九卷，知其曾任南海太守。据《南齐书·陆澄传》，又可知陆展曾任尚书左丞。由下文何长瑜曾在江陵作诗嘲戏刘义庆州府僚佐陆展，知陆展于刘义庆任荆州刺史时曾在其幕府。

何长瑜，东海人。和谢惠连(谢灵运族弟)、颍川荀雍、泰山羊璿之一起，与谢灵运以文章赏会，共为山泽之游，时人谓之“灵运四友”。他曾教谢惠连读书，谢灵运目为“当今仲宣”。仲宣即“建安七子”中最有才华的王粲，可见谢灵运对他的欣赏。刘义庆招集文士，何长瑜自国侍郎至平西记室参军。尝于江陵寄书与宗人何勖，以韵语序义庆州府僚佐云：“陆展染鬓发，欲以媚侧室。青青不解久，星星行复出。”如此者五六句，而轻薄少年遂演而广之，凡厥人士，并为题目，皆加剧言苦句，其文流行。刘义庆大怒，禀告宋文帝，以其为广州所统曾城令。刘义庆死后，朝士诣第叙哀，何勖谓袁淑曰：“长瑜便可还也。”袁淑曰：“国新丧宗英，未宜便以流人为念。”庐陵王刘绍镇寻阳，以何长瑜为南中郎行参军，掌书记之任。行至板桥，遇暴风溺死。(据《宋书》卷六十七《谢灵运传》)钟嵘《诗品》将其诗列入下品。《隋志》云梁有《平南将军何长瑜集》八卷，亡。逯钦立《先秦汉魏晋南北朝诗》存其诗二首。刘义庆为平西将军在元嘉九年至十六年(432—439)，时为荆州刺史，何长瑜为刘义庆平西记室参军便在这一时间段限中。

鲍照在中国文学史上的地位，要远高于袁淑、陆展，其五七言乐府诗“发唱惊挺”(《南齐书·文学传论》)，影响很大。鲍照传附于《宋书》刘义庆本传：“鲍照，字明远，文辞赡逸，尝为古乐府，文甚遒丽。……世祖以照为中书舍人。上好为文章，自谓物莫能及，照悟其旨，为文多鄙言累句，当时咸谓照才尽，实不然也。临海王子顼为荆州，照为前军参军，掌书记之任。子顼败，为乱兵所杀。”其为刘义庆所知，《南史》刘义庆本传附《鲍照传》有述：

> 照始尝谒义庆未见知，欲贡诗言志，人止之曰：“卿位尚卑，不可轻忤大王。”照勃然曰：“千载上有英才异士沉没而不闻者，安可数哉！大丈夫岂可遂蕴智能，使兰艾不辨，终日碌碌，与燕雀相随乎？”

于是奏诗，义庆奇之。赐帛二十匹，寻擢为国侍郎。甚见知赏。

鲍照在刘义庆幕府的时间，曹沈《丛考》“鲍照《通世子自解启》与《临川王服竟归田里》”条云：“《通世子自解启》《重与世子启》及《临川王服竟还田里》诗，皆元嘉二十一年临川王义庆死后，鲍照即将解职还乡时作。《通世子自解启》云‘自奉清尘，于兹六祀’，按自元嘉十六年至二十一年前后合计为六年，不误。”这一考证颇可信从。有人据《临川王服竟还田里》诗“舍耨将十龄，还得守场藿”句，指出“十龄”与“六祀”不合，然此所谓“十龄”指的是鲍照出仕将近十年，非在刘义庆帐下十年，所言非一，二者并无矛盾。

何偃，字仲弘，庐江灊人，司空何尚之中子。州辟议曹从事，举秀才，除中军参军、临川王刘义庆平西府主簿。召为太子洗马，不拜。元嘉十九年(442)，为丹阳丞，除庐陵王友、太子中舍人、中书郎、太子中庶子。时义阳王刘昶任东官，使偃行义阳国事。迁始兴王刘浚征北长史、南东海太守。元凶刘劭弑立，以偃为侍中，掌诏诰。会世祖刘骏即位，任遇无改，除大司马长史，迁侍中，领太子中庶子。改领骁骑将军，亲遇隆密，有加旧臣。转吏部尚书。素好谈玄，注《庄子·消摇篇》(即《庄子·逍遥游》)传于世。(据《宋书》卷五十九《何偃传》)刘义庆为平西将军在元嘉九年至十六年，时为荆州刺史。曹沈《丛考》认为何偃有可能随刘义庆至江州。《隋志》著录《宋吏部尚书何偃集》十九卷，梁十六卷。又梁有《毛诗释》一卷，宋金紫光禄大夫何偃撰；《楚辞》十一卷，宋何偃删，王逸注，皆亡。

萧思话，南兰陵人，孝懿皇后弟子。年十许岁尚未知书，以博诞游遨为事，好骑屋栋，打细腰鼓，侵暴邻曲，莫不患毒之。自此折节，数年中，遂有令誉。好书史，善弹琴，能骑射。高祖一见，便以国器许之。年十八，除琅邪王大司马行参军，转相国参军，父忧去职。服阕，拜羽林监，领石头戍事，袭爵封阳县侯，转宣威将军，彭城、沛二郡太守。涉猎书传，颇能隶书，解音律，便弓马。元嘉五年(428)，迁中书侍郎，仍督青州、徐州之东莞诸军事、振武将军、青州刺史，时年二十七。十四年，迁使持节、临川王义庆平西长史、南蛮校尉。十六年，衡阳王刘义季代刘义庆，又除安西长史，余如故，在刘义庆府共计两年。又历任宁蛮校尉、雍州刺史、襄阳太守、侍中、太子右率、左卫将军、吏部尚书、护军将军、抚军将军、徐兖二州刺史、

散骑常侍、中书令、丹阳尹等。(据《宋书》卷七十八《萧思话传》)

张畅,字少微,吴郡吴人,吴兴太守张邵兄子。少与从兄张敷、张演、张敬齐名,为后进之秀。起家为太守徐佩之主簿,除度支左民郎,江夏王刘义恭征北记室参军、晋安太守,又为衡阳王刘义季安西记室参军、南义阳太守,临川王刘义庆卫军从事中郎,扬州治中别驾从事史,太子中庶子。刘骏镇彭城,张畅为安北长史、沛郡太守。(据《宋书》卷五十九《张畅传》)据《宋书》卷六十一《武三王传》,刘义恭为征北将军、南兖州刺史在元嘉九年至十七年(433—441),刘义季为安西将军在元嘉十六年至二十一年。而刘义庆始为卫将军、江州刺史在元嘉十六年。又《宋书》卷三十九《百官志上》云:"自车骑以下为刺史又都督及仪同三司者,置官如领兵,但云都督不仪同三司者,不置从事中郎,置功曹一人。"前文已考之,刘义庆加开府仪同三司的准确时间在元嘉十八年,故张畅入刘义庆幕当在元嘉十八年或之后。《隋志》著录《宋会稽太守张畅集》十二卷,残缺,梁十四卷,录一卷。

盛弘之,相关史书无载,《隋志》著录《荆州记》三卷,宋临川王侍郎盛弘之撰。

王僧达,少聪敏好学,善属文。宋文帝听说他早慧,召见于德阳殿,问其书学及家事,应对闲敏,十分欣赏,便将刘义庆的女儿嫁给了他。年未二十,为始兴王刘濬后军参军,迁太子舍人。坐属疾而于杨列桥观斗鸭,为有司所纠,但并未受到责罚。性好鹰犬,与闾里少年相驰逐,又亲自屠牛。刘义庆听说后,派周旋沙门慧观拜访并观察他。王僧达陈书满席,与慧观论文义,慧观酬答不暇,深相称美。寻迁太子洗马,母忧去职。服阕,为宣城太守。性好游猎,而山郡无事,肆意驰骋,或三五日不归,受辞讼多在猎所。百姓或相逢不识,问府君所在,王僧达答曰:"近在后。"元嘉三十年,元凶刘劭弑逆,刘骏兴兵讨伐,王僧达为人所说归刘骏于鹊头,拜长史,加征虏将军。刘骏即位,即孝武帝,以为尚书右仆射,补护军将军。王僧达自负才地,谓当时莫及,以为孝武帝刚即位他便居端右,一二年间,便望宰相。曾答诏曰:"亡父、亡祖,司徒、司空。"自负若此。及为护军,不得志,乃启求徐州,不许,再三固陈,孝武帝十分不悦。以为征虏将军、吴郡太守。一年之中职位变动五次,王僧达更加不得意,违法之事非一。如吴郭西台寺多富沙门，僧达求须不称意，乃遣主簿顾旷率门义劫寺内沙门竺法瑶，得数百万。坐免官。孝建三年(456)，除太常，意尤不悦。不久，上表解职，文旨抑扬，诏付门下。侍中何偃以其词不逊，启付南台，又坐免官。又不久，除江夏王义恭太傅长史、临淮太守，又徙太宰长史，太守如故。大明元年(457)，迁左卫将军，领太子中庶子。以归顺功，封宁陵县五等侯。二年，迁中书令。王僧达屡经狂逆，孝武帝以其终无悛心，因高阇等为乱事陷之，于狱赐死，时年三十六。(《宋书·王僧达传》、《南史》卷二十一《王僧达传》、《建康实录》卷十四)

《隋志》著录宋护军将军《王僧达集》十卷，梁有录一卷。《文选》收录其诗二首:《答颜延年》(卷二十六)、《和琅邪王依古》(卷三十一)、文一篇:《祭颜光禄文》(卷六十)。明冯惟讷《古诗纪》卷六十三辑录其诗五篇:《释奠诗》《答颜延年》《和琅邪王依古》《七夕月下》《朱樱》。清严可均《全上古三代秦汉三国六朝文·全宋文》卷十九辑得其文七篇:《答诏》《表谢》《上表解职》《求徐州启》《与沈璞书》《答丘珍孙书》《祭颜光禄文》，其中《答诏》《表谢》皆为残句。钟嵘《诗品》将其与谢瞻、谢混、袁淑、王微等人同列为中品。说他们的诗"其源出于张华，才力苦弱，故务其清浅，殊得风流媚趣"。

刘义庆及其文学之士的活动，现有文献中并无具体叙述，但仍可稍见端倪。如鲍照《从登香炉烽》:"辞宗盛荆梦，登歌美凫绎。……惭无献赋才，洗污奉毫帛"。近人黄节注曰:"此篇盖明远从义庆登香炉峰作也。辞宗谓当时文学之士，视屈宋为盛。歌颂义庆，比之鲁侯。其时义庆以江州刺史都督南兖州、徐、兖、青、冀、幽六州诸军事，一若鲁侯之保有凫绎也。"(《黄节注汉魏六朝诗六种·鲍参军诗注》)鲍照《登庐山》《登庐山望石门》《从登香炉烽》三诗，钱振伦以为"皆从临川王江州所作"(钱仲联增补集说校《鲍参军集注》)，可知其有登庐山、登庐山香炉峰之事，应为文人雅集之性质。

6. 上奏祥瑞

刘义庆主政地方期间，多次奏闻祥瑞之事。今检《宋书·符瑞志》，录之于下：

元嘉十二年二月丁卯，南郡江陵庾和园甘树连理，荆州刺史临川王义庆以献。(卷二十九《符瑞志下》)

宋文帝元嘉十二年，衡阳湘乡醴泉出县庭，荆州刺史临川王义庆以闻。(同上)

元嘉十四年，白燕集荆州府门，刺史临川王义庆以闻。(同上)

元嘉十七年七月，武昌崇让乡程僧爱家候风木连理，江州刺史临川王义庆以闻。(同上)

元嘉十七年十月，寻阳弘农祐几湖芙蓉连理，临川王义庆以闻。(同上)

元嘉十八年五月甲申，甘露降丹阳秣陵卫将军临川王义庆园，扬州刺史始兴王浚以闻。(《卷二十八《符瑞志中》)[①]

元嘉十八年六月，甘露降广陵广陵(案：此处衍"广陵"二字)孟玉秀家树，南兖州刺史临川王义庆以闻。(同上)

元嘉十九年五月，山阳张休宗获白麞，南兖州刺史临川王义庆以献。(同上)

元嘉十九年五月，海陵王文秀获白乌，南兖州刺史临川王义庆以献。(卷二十九《符瑞志下》)

元嘉十九年九月戊申，广陵肥如石梁涧中出石钟九口，大小行次，引列南向，南兖州刺史临川王义庆以献。(同上)

元嘉二十年七月，盱眙考城县柞树二株连理，南兖州刺史临川王义庆以闻。(同上)

祥瑞之事，究其本质，仍是为帝王歌功颂德。刘义庆奏闻祥瑞，一方面是臣子的本分，但主要的原因恐怕和宋文帝的政治高压有关。刘义庆是在通过这种表现来表明自己对宋文帝的忠心，详见下文论述。

① 此一祥瑞虽非刘义庆的奏闻，但与其有直接关系，故亦列于此。

7. 晚年奉养沙门

《宋书》本传云："（义庆）为性简素，寡嗜欲……受任历籓，无浮淫之过，唯晚节奉养沙门，颇致费损。"元嘉十七年（440），刘义庆任南兖州刺史，镇所在广陵。"晚节奉养沙门"事，当在此期间。梁释慧皎《高僧传》中有相关记载，列之于下：

> 时中寺复有昙冏者，与成（释昙无成）同学齐名，为宋临川康王义庆所重。（卷七《宋淮南中寺释昙无成传》附《昙冏传》。案：淮南中寺在广陵）
>
> 释道儒，姓石，渤海人。寓居广陵。少怀清信，慕乐出家。遇宋临川王义庆镇南兖，儒以事闻之。王赞成厥志，为启度出家。（卷十三《齐福寺释道儒传》）
>
> 时又有天竺沙门僧伽达多、僧加罗多等，并禅学深明，来游宋境。……元嘉十八年夏，（达多）受临川康王请，于广陵结居，后终于建业。（卷三《宋京师道林寺畺良耶舍传》附《僧伽达多传》）
>
> 释道冏，姓马，扶风人。……宋元嘉二十年，临川康王义庆携往广陵，终于彼矣。（卷十二《宋京师南涧寺释道冏传》）

刘义庆奉养沙门之事，一方面与他信佛、重佛理有关，其《宣验记》就是宣传佛教的著作，《幽明录》也有与佛教相关的内容，而《世说新语》一书记载了很多有关名僧的事迹与对佛理的讨论。另一方面，还是由于政治上的高压，他通过奉养沙门、沉迷于佛教来表明自己并无政治上的野心。

8. 著述情况

刘义庆的著述十分丰富。《宋书》本传云："撰《徐州先贤传》十卷，奏上之。又拟班固《典引》为《典叙》，以述皇代之美。"《南史》本传云："所著《世说》十卷，撰《集林》二百卷，并行于世。”而《隋志》与《旧唐书·经籍志》(下文简称《旧唐志》)、《新唐书·艺文志》(下文简称《新唐志》)亦皆著录刘义庆的著作，现列之于下，并说明史书(志)依据及其差异：

1.《后汉书》五十八卷(《旧唐志》《新唐志》)

2.《徐州先贤传》十卷(《宋书》本传、《隋志》、《旧唐志》、《新唐志》)①

3.《江左名士传》一卷(《隋志》)

4.《宣验记》十三卷(《隋志》)

5.《幽明录》二十卷(《隋志》《旧唐志》《新唐志》)②

6.《世说》八卷(《隋志》、《南史》本传、《旧唐志》、《新唐志》)③

7.《小说》十卷(《旧唐志》《新唐志》)

8.《典叙》(《宋书》本传)

9.《宋临川王义庆集》八卷(《隋志》《旧唐志》《新唐志》)④

10.《集林》一百八十一卷，梁二百卷(《隋志》、《南史》本传、《旧唐志》、《新唐志》)⑤

以上所列刘义庆之著作，共十种，除《典叙》为单篇著作，且很可能为《宋临川王义庆集》所收录外，其余九种皆为专书，更不乏大部头的著作如二百卷的大书《集林》等。鲁迅说：“《宋书》言义庆才词不多，而招聚文学之士，远近必至，则诸书或成于众手，未可知也。”(《中国小说史略》第七篇《〈世说新语〉及其前后》)除《宋临川王义庆集》外，作为文人集团的领袖，刘义庆其他著作如《世说》《幽明录》《宣验记》《集林》等很可能多是成于众手，即在其幕府文士的辅助下完成的，这与战国时期吕不韦组织门客编《吕氏春秋》，西汉淮南王刘安组织门客著《淮南子》，以及南朝梁昭明太子

① 《隋志》作“《徐州先贤传》一卷。《徐州先贤传赞》九卷，刘义庆撰”。《旧唐志》著录《徐州先贤传》一卷、《徐州先贤传》九卷，未标明著者，实当为刘义庆书，且九卷者“传”后应脱“赞”字(据《隋志》)。《新唐志》著录“王义度《徐州先贤传》九卷，又一卷。刘义庆《徐州先贤传赞》八卷”，“王义度”当为“临川王义庆”之讹，且九卷者“传”后亦应脱“赞”字(据《隋志》)。

② 《旧唐志》与《新唐志》均作三十卷。

③ 《南史》本传作十卷，当指刘孝标注本。《隋志》又著录《世说》十卷，刘孝标注。

④ 《旧唐志》与《新唐志》分别作《宋临川王集》八卷、《临川王义庆集》八卷。

⑤ 《旧唐志》与《新唐志》均作二百卷。

萧统组织其帐下文人编《文选》等，都是近似的情况。[①]

我们在上文作出考证，刘义庆文人集团可考的八个人物袁淑、陆展、何长瑜、鲍照、何偃、萧思话、张畅、盛弘之多是刘义庆在荆州任刺史时聚集于其帐下的，荆州时期也是刘义庆政治生涯中比较稳定平和的一个阶段，长达七年，可以比较从容地进行他的文学、文化事业。大体可以判断，刘义庆个人的著述与组织帐下文士进行各种著作的编撰，主要应发生于其在荆州时期。

鲁迅说："(《幽明录》)似皆集录前人撰作，非自造也。"(《中国小说史略》第五篇《六朝之鬼神志怪书(上)》)又说："然《世说》文字，间或与裴郭二家书所记相同，殆亦犹《幽明录》《宣验记》然，乃纂集旧文，非由自造。"(《中国小说史略·〈世说新语〉及其前后》)还说："《世说新语》并没有说是选的，好像刘义庆或他的门客所搜集，但检唐宋类书中所存裴启《语林》的遗文，往往和《世说新语》相同，可见它也是一部抄撮故书之作，正和《幽冥录》一样。"(《集外集·选本》)确实，鲁迅言及的几部著作中皆有见于他书的旧文，这在《徐州先贤传》《世说》《宣验记》《幽明录》《小说》等书中应该是普遍存在的情况，但就我们能够看到的《世说》《宣验记》《幽明录》之内容而言，依现有文献判断，更多的内容还是首见于这几部典籍的，如《幽明录》，采自旧书者不足四分之一，所以鲁迅的观点不能作为完全的结论。

刘义庆的这些著作，存世者惟《世说》《宣验记》《幽明录》，后二者皆为辑本，其余均已亡佚，仅余少量佚文。《世说》《宣验记》《幽明录》三书，我们在下文专门述及，这里仅对有少量佚文存世的几部著作稍加讨论。

(1)《徐州先贤传》

《徐州先贤传》之内容，今仅存两条：

> 《徐州先贤传》曰："楚老者，彭城之隐人也。"(《文选》卷二十三谢灵运《庐陵王墓下作》"延州协心许，楚老惜兰芳"下李善注引)

---

① 明人陆师道(1510—1573)较早言及幕府文士对刘义庆编撰《世说新语》的赞润之功："抑义庆宗王牧将，幕府多贤，当时如袁淑、陆展、鲍照、何长瑜之徒，皆一时名彦，为之佐吏，虽曰笔削自己，而检寻赞润，夫岂无人？"(《何氏语林序》)清人毛际可(1633—1708)亦云："予谓临川宗藩贵重，缵润之功，或有藉于幕下袁、鲍诸贤。"(《今世说序》)

《徐州先贤传》曰:“勾践灭吴,谓范蠡曰:‘吾将与子分国而有之。’蠡曰:‘君行令,臣行意。’乃乘扁舟,浮五湖而不返。”(《太平御览》卷六十六)

(2)《江左名士传》

《江左名士传》今存五条,皆见刘孝标《世说注》所引:

《江左名士传》曰:“乂,清标令上也。”(《赏誉》第八“世目杜弘治标鲜,季野穆少”条刘孝标注引。案:杜乂字弘治,杜预之孙)

《江左名士传》曰:“鲲通简有识,不修威仪。好迹逸而心整,形浊而言清。居身若秽,动不累高。邻家有女,尝往挑之。女方织,以梭投折其两齿。既归,傲然长啸曰:‘犹不废我啸歌。’其不事形骸如此。”(《赏誉》第八“谢公道豫章:‘若遇七贤,必自把臂入林’”条刘孝标注引。案:谢鲲字幼舆,曾为豫章太守)

《江左名士传》曰:“承言理辩物,但明其旨要,不为辞费,有识伏其约而能通。太尉王夷甫一世龙门,见而雅重之,以比南阳乐广。”(《品藻》第九“王夷甫以王东海比乐令”条刘孝标注引。案:承即王承,字安期)

《江左名士传》曰:“永和中,刘真长、谢仁祖共商略中朝人士。或曰:‘杜弘治清标令上,为后来之美,又面如凝脂,眼如点漆,粗可得方诸卫玠。’”(《容止》第十四“王右军见杜弘治,叹曰:‘面如凝脂,眼如点漆,此神仙中人’”条刘孝标注引)

《江左名士传》曰:“刘真长曰:‘吾请评之,弘治肤清,叔宝神清。’论者谓为知言。”(《品藻》第九“刘丹阳、王长史在瓦官寺集”条刘孝标注引[1]。案:卫玠字叔宝,小字虎。又此则与上一则在《江左名士传》中应是同一则内容,可结合《世说新语》此条原文来看)

① 《世说新语》原文如下:“刘丹阳、王长史在瓦官寺集,桓护军亦在坐,共商略西朝及江左人物。或问:‘杜弘治何如卫虎?’桓答曰:‘弘治肤清,卫虎奕奕神令。’王、刘善其言。”

(3)《集林》

《集林》今存三条，录之于下：

刘义庆《集林》曰："嵇熹字公穆，举秀才。"(《文选》卷二十四嵇叔夜《赠秀才入军五首》题下注引）

《集林》曰："李康字萧远，中山人也。性介立不能和俗，著《游山九吟》，魏明帝异其文，遂起家为寻阳长，政有美绩，病卒。"(《文选》卷五十三李萧远《运命论》题下注引）

《集林》曰："昔有人寻河源，见妇人浣纱，问之，曰：'此天河也。'乃与一石而归。问严君平，君平曰：'此织女支机之石。'"（白居易《白氏六帖事类集》卷一《天河》第十九"星石"条）

第三条可与张华《博物志》卷十"八月槎"条对读，这是一个流传很久的传说，充满美妙的奇思遐想：

旧说云天河与海通。近世有人居海渚者，年年八月有浮槎去来，不失期。人有奇志，立飞阁于槎上，多赍粮，乘槎而去。十余日中犹观星月日辰，自后茫茫忽忽，亦不觉昼夜。去十余日，奄至一处，有城郭状，屋舍甚严。遥望宫中多织妇，见一丈夫牵牛渚次饮之。牵牛人乃惊问曰："何由至此?"此人具说来意，并问此是何处，答曰："君还至蜀都访严君平则知之。"竟不上岸，因还如期。后至蜀，问君平，曰："某年月日有客星犯牵牛宿。"计年月，正是此人到天河之时。

(4) 诗歌佚文

刘义庆诗，今存者两首，亦录之于下：

刘义庆《游鼍湖诗》曰："暄景转谐淑，草木日滋长。梅花覆树白，桃杏发荣光。"(《初学记》卷二十八《果木部·梅第十·事对》"紫蒂白花"条引，又为明冯惟讷《古诗纪》卷五十五所采）

《乌夜啼》：笼窗窗不开，乌夜啼。夜啼望郎来。（吴兢《古乐府解题》）

《游鼍湖诗》以写景为主，主要写出了春天到来时万物复苏、草木滋长、桃杏芬芳的景象，充满生机与活力。谢灵运《登池上楼》有句云："初景革绪风，新阳改故阴。池塘生春草，园柳变鸣禽。"可与刘义庆诗对读。

《乌夜啼》，最早见于唐吴兢《乐府解题》："《乌夜啼》，宋临川王义庆造也。其辞：'笼窗窗不开，乌夜啼。夜啼望郎来。'"此据宋王洙《分门集注杜工部诗》卷十三《秋日荆南述怀三十韵》注引，宋蔡梦弼《杜工部草堂诗笺·黄氏集千家注杜工部诗史补遗》卷九《秋日荆南述怀三十韵》"琴乌曲怨愤，庭鹤舞摧颓"下注引吴兢《乐府解题》："《乌夜啼》，宋临川王义庆所造也。其辞云：'笼窗一不开，乌夜啼。夜啼望郎来。'"稍有差异。而唐杜佑《通典》卷一百四十五《乐五·杂歌曲》所记较详备，类似后世的本事诗：

> 《乌夜啼》，宋临川王义庆所作也。元嘉十七年，从彭城王义康于章郡。义庆时为江州，至镇，相见而哭。为文帝所怪，征还。义庆大惧。伎妾闻乌夜啼声，叩斋阁云："明日应有赦。"其年更为兖州刺史，因作此歌。故其和云："笼窗窗不开，乌夜啼，夜夜忆郎来。"今所传歌似非义庆本旨。辞曰："歌舞诸少年，娉婷无种迹。昌蒲花可怜，闻名不相识。"

《旧唐书》卷二十九《音乐志二》亦有此内容，应即来自杜佑《通典》，文字略有差异。其中，从，《旧唐书》作"徙"，应是。章郡，作"豫章"。兖州刺史，作"南兖州刺史"，是。夜夜忆郎来，作"夜夜望郎来"。所以《乌夜啼》的文本共有大同小异的四种版本。

宋郭茂倩《乐府诗集》卷四十七《清商曲辞四·乌夜啼八曲》题解除引《旧唐书·音乐志》之说外，又引《教坊记》曰："《乌夜啼》者，元嘉二十八年，彭城王义康有罪放逐，行次浔阳；江州刺史衡阳王义季，留连饮宴，历旬不去。帝闻而怒，皆囚之。会稽公主，姊也，尝与帝宴洽，中席起拜。帝未达其旨，躬止之。主流涕曰：'车子岁暮，恐不为陛下所容！'车子，义康小字也。帝指蒋山曰：'必无此，不尔，便负初宁陵。'武帝葬于蒋山，故指先帝陵为誓。因封余酒寄义康，且曰：'昨与会稽姊饮，乐，忆弟，故附所饮酒往，遂宥之。'使未达浔阳，衡阳家人扣二王所囚院曰：'昨夜乌夜啼，官当有赦。'少顷使至,二王得释,故有此曲。"[1]

郭茂倩云:"按史书称临川王义康为江州,而云衡阳王义季,传之误也。"此处"义康"当为"义庆",应是传写之误。即郭茂倩认为其所引《教坊记》"江州刺史衡阳王义季"当为"江州刺史临川王义庆",这一判断是正确的,刘义季未曾担任过江州刺史。又《教坊记》记其事在元嘉二十八年(451),时刘义庆已去世七年,据杜佑《通典》与《旧唐书·音乐志》,应为元嘉十八年(441)之误。然而虽然在人物、时间的记述上有误,但《教坊记》的叙述为我们提供了一个更加丰满的背景,有助于对整个事件的理解,虽然未必完全真实,但也与当时残酷的政治态势一致。

我们所说的刘义庆《乌夜啼》,在《乐府诗集》中属清商曲辞,而《乐府诗集·琴曲歌辞》中亦有《乌夜啼》,卷六十《琴曲歌辞》张籍《乌夜啼引》题解云:"李勉《琴说》曰:'《乌夜啼》者,何晏之女所造也。初,晏系狱,有二乌止于舍上。女曰:"乌有喜声,父必免。"遂撰此操。'按清商西曲亦有《乌夜啼》,宋临川王所作,与此义同而事异。"亦可备一说。

清严可均《全上古三代秦汉三国六朝文·全宋文》卷十一辑录刘义庆文六篇(则):《箜篌赋》《鹤赋》《山鸡赋》《荐庾寔等表》《启事》《黄初妻赵罪议》,《荐庾寔等表》《黄初妻赵罪议》已见前文。《启事》一则,《太平御览》卷七百〇三《服用部五·如意》引刘义庆《启事》曰:"恩旨赐臣犀镂竹节如意,目所未睹。"而唐虞世南《北堂书钞》卷一百三十五《服饰部四·如意》则引作刘义恭《启事》,内容全同[2]。严可均分别辑入刘义庆、刘义恭二人作品中,且未加说明,显然不妥。将《太平御览》引刘义庆《启事》前后材料与《北堂书钞》对应内容加以比较,能够发现《太平御览》此处材料系来自《北堂书钞》,故此《启事》并非刘义庆所作,应归至刘义恭名下[3]。

三赋皆取材于鸟及器物,属于咏物赋。严可均所辑有几处错误,不知

---

① 《教坊记》为唐崔令钦所著,然今本较之郭茂倩所引简略许多:"《乌夜啼》:宋彭城王义康,衡阳王义季,帝囚之浔阳。后宥之,使未达,衡王家人扣二王所囚院曰:'昨夜乌夜啼,官当有赦。'少顷使至。故有此曲。亦入琴操。"

② 据学苑出版社1998年影印清光绪十四年南海孔氏三十有三万卷堂影宋刊本,第385页。

③ 当然在理论上也存在另外一种可能,即《北堂书钞》本作刘义庆《启事》,但在传写刊刻过程中讹作刘义恭《启事》,而《太平御览》所据《北堂书钞》无误,此处文字传刻过程中亦未发生错误。若是,则此《启事》为刘义庆而非刘义恭所作。

是其所据版本存在问题还是抄录错误，现据《艺文类聚》重新辑录如下：

> 宋临川康王《山鸡赋》曰：形凤婉而鹄跱，羽衮蔚而缃晖。临渌湍而映藻，傍青崖而妍飞。不隐耀而贻累，倏见屈于虞机。（卷九十一《鸟部中·山鸡》）
>
> 宋临川王刘义庆《箜篌赋》曰：侯牵化而始造，鲁幸奇而后珍。名启端于雅引，器荷重于吴君。等齐歌以无譬，似秦筝而非群。（卷四十四《乐部四·箜篌》。又见于《初学记》卷十六《乐部下·箜篌第四》，文字全同）
>
> 宋临川康王《鹤赋》曰：其状也，绀络颈而成饰，赪点首以表仪。羽凝素而雪映，尾舒玄而参差。趾象蚪以振步，形亚凤以擅奇。（卷九十《鸟部上·鹤》）

9. 理想与现实——刘义庆与元嘉时期的政治风云

《宋书》本传云："（刘义庆）少善骑乘，及长以世路艰难，不复跨马。"这几句话是言约而义丰的，需要稍加解释。在冷兵器时代，马在军事活动中的意义极大，尤其在乱世，对于一位政治人物来说，是否善于骑马是能力的体现，是否热衷于骑马则有助于对其理想与志业的判断。《三国志》卷三十二《蜀书二·先主传》"荆州豪杰归先主者日益多，表疑其心，阴御之"下裴松之注引《九州春秋》曰：

> 备住荆州数年，尝于表坐起至厕，见髀里肉生，慨然流涕。还坐，表怪问备，备曰："吾常身不离鞍，髀肉皆消。今不复骑，髀里肉生。日月若驰，老将至矣，而功业不建，是以悲耳。"

刘备慨叹时光流逝，而自己不能骑马率兵，建功立业，因此悲伤。这段话可以作为理解刘义庆"不复跨马"的注脚。刘义庆"少善骑乘"，说明他自幼便有建功立业的理想。然而，他所生活的时代，政治环境是险恶的，即所谓"世路艰难"。《晋书·阮籍传》云："籍本有济世志，属魏、晋之际，天下多故，名士少有全者，籍由是不与世事，遂酣饮为常。"这段话放在刘义庆身上也是同样适用的，只不过他所面临的“多故”主要发生在刘宋统治阶级的内部，是上层统治阶级内部的血雨腥风，稍加概括于下。

刘义庆主要活动于宋文帝刘义隆统治时期，但在宋少帝刘义符执政的短暂年代里已呈现这种苗头。景平二年正月(424)，南豫州刺史庐陵王刘义真被废为庶人，诛于新安。五月，司空徐羡之、江州刺史檀道济废少帝，六月弑之于金昌亭。

宋文帝即位后，为了巩固自己的统治地位，加之他身体较差，“有虚劳疾，寝顿积年，每意有所想，便觉心中痛裂，属纩者相系”(《宋书》卷六十八《彭城王义康传》)，即过度敏感、多所猜忌，因此不断地诛杀大臣。据《宋书·文帝本纪》，元嘉三年(426)正月，杀司徒、录尚书事、扬州刺史徐羡之与尚书令、护军将军、左光禄大夫傅亮，出兵西征，讨荆州刺史谢晦。二月擒获谢晦并杀之于京师。同年，又杀建安太守潘盛、前吴郡太守徐佩之。元嘉七年，兖州刺史竺灵秀亦被杀。元嘉十三年，杀司空、江州刺史檀道济。元嘉十七年，杀彭城王刘义康心腹前丹阳尹刘湛，解除刘义康司徒、录尚书事之职，为江州刺史，原江州刺史刘义庆为南兖州刺史。元嘉二十年，杀前雍州刺史刘真道、梁南秦二州刺史裴方明。元嘉二十二年，杀太子詹事范晔，免大将军彭城王义康为庶人。元嘉二十七年，北魏大军南下，刘义康已远徙于广州，文帝“虑异志者或奉义康为乱”，于元嘉二十八年正月将其赐死。

这些被宋文帝诛杀的宗室、大臣，多数是冤枉的。如江州刺史檀道济，并无任何不轨行为，但他“立功前朝，威名甚重，左右腹心，并经百战，诸子又有才气，朝廷疑畏之”，加之文帝“寝疾累年，屡经危殆，彭城王义康虑宫车晏驾，道济不可复制”。元嘉十二年，文帝病重，又赶上北魏军队入寇，于是召檀道济入朝。等他来了之后，文帝病情有所好转，元嘉十三年春，要把他放还江州，已经上船，文帝病情突然出现反复，便将他“召入祖道，收付廷尉”。檀道济非常愤怒，脱帻投地曰：“乃复坏汝万里之长城！”最终被杀。(《宋书》本传)[①]

---

① 以上两段文字，参考了周一良《〈世说新语〉和作者刘义庆身世的考察》一文的相关内容，见其《魏晋南北朝史论集》，北京大学出版社，2010年版。

这些惨剧，皆为刘义庆所亲历(其元嘉二十一年死后之事除外)，故深知政治斗争之残酷。因此《宋书》本传所谓“世路艰难”，指的是宋文帝的猜忌与政治环境的险恶。为了保全自己，刘义庆必须放低姿态，处处小心，“不复跨马”便成为必然的选择。

在以上分析的基础上，刘义庆的很多作为就比较容易理解了。元嘉八年(431)，太白星犯右执法。刘义庆害怕会有灾祸降临，于是乞求外镇。文帝百般劝慰，但他仍固求解仆射。元嘉二十年，刘义庆在广陵，有疾，而白虹贯城，野麕入府，心甚恶之，固陈求还。可见其政治神经之敏感。上文列刘义庆外镇期间上奏祥瑞之事十一次(见诸文献记载者)，这更多地是在表明忠心而已。元嘉十七年，文帝解除刘义康司徒、录尚书事之职，为江州刺史。刘义庆原为江州刺史，改任南兖州刺史。由上文引杜佑《通典》及《教坊记》，刘义康有罪放逐，就任江州刺史，刘义庆尚未离开江州赴南兖州刺史任，兄弟二人相见而哭，留连饮宴，历旬不去。文帝闻之，大怒，皆囚之[①]。更可见政治高压及高压之下的人物心态。

同样，刘义庆招聚文学之士并勤于著述，晚年奉养沙门而颇致费损，一方面当然是由于他爱好文学，重视佛理、笃信佛教，一方面则是作态，做给文帝来看，以示其并无政治上的野心，可谓用心良苦。周一良说：

> 刘义庆的遭遇和《世说新语》成书时的政治社会背景，从义庆本传里的四个字(“世路艰难”)可以窥见消息。他处在宋文帝刘义隆对于宗室诸王怀疑猜忌的统治之下，为了全身远祸，于是招聚文学之士，寄情文史，编辑了《世说新语》这样一部清谈之书。……《世说新语》里记载的人物、事件、议论，都和刘义庆当时的政治社会背景相去悬远，不相涉及，而这正是他著述的宗旨所在。(《〈世说新语〉和作者刘义庆身世的考察》)

周一良讨论的虽然只是刘义庆编著《世说新语》的原因，但也适用于对其所编撰的《幽明录》《宣验记》《集林》等书的判断。

① 此据《教坊记》，杜佑《通典》云刘义庆、刘义康的举动为文帝所怪，征刘义庆还，义庆大惧。

三、不朽之盛事（上）：《世说新语》及其内容与成就

曹丕《典论·论文》云："盖文章，经国之大业，不朽之盛事。年寿有时而尽，荣乐止乎其身，二者必至之常期，未若文章之无穷。是以古之作者，寄身于翰墨，见意于篇籍，不假良史之辞，不托飞驰之势，而声名自传于后。"刘义庆作为刘宋宗室，虽历任要职，但限于具体的政治环境，在政治上并无太大的建树。但他的身份和眼光，却促成了他在著述上的"不朽之盛事"。他著述的具体情况，已见上文。就其传世的著作而言，无论是《世说新语》《幽明录》还是《宣验记》，都是不朽的名著，在中国文学史、文化史上影响深远。尤其是《世说新语》，更是我们审视魏晋时期文学、历史、哲学的根本文献，是我们领略、把握魏晋名士风流的钥匙。

1. 小说的概念与刘义庆存世三书的文体定位

从文体上讲，《世说新语》《幽明录》《宣验记》这三部著作都是小说。在中国古典文学的几种主要文体中，小说虽萌芽亦较早，但真正的出现和成熟则晚于诗文，与戏曲一样并不具有正统文学的地位，是不入流的小道。"小说"一词，最早见于《庄子·外物》："夫揭竿累，趣灌渎，守鲵鲋，其于得大鱼难矣！饰小说以干县令，其于大达亦远矣。"但这里庄子所说的"小说"是指与本学派的"大道"相对的小道理、琐屑的言谈，并不具有文体意义。

首次在文体意义上使用"小说"一词的，是西汉末年刘歆的《七略》。《七略》今亡，但班固《汉书·艺文志》即是据《七略》撰写的。《汉志》小序云：

小说家者流，盖出于稗官。街谈巷语，道听途说者之所造也。孔

子曰："虽小道，必有可观者焉，致远恐泥，是以君子弗为也。"然亦弗灭也。闾里小知者之所及，亦使缀而不忘。如或一言可采，此亦刍荛狂夫之议也。

这是现存最早的小说专论，它非常明确地提出了"小说"和"小说家"的概念。但《汉志》将小说家置于诸子十家的末位，班固又说"诸子十家，其可观者九家而已"，唯余小说家，可见其地位之低。

第二个对小说进行专门论述的是西汉末、东汉初桓谭的《新论》：

若其小说家合丛残小语，近取譬论，以作短书，治身理家，有可观之辞。(《文选》卷三十一江文通《杂体诗三十首·李都尉□陵》诗李善注引)

刘歆、桓谭、班固等人所说的"小说"，在形式上是"短书"，即所谓的"丛残小语"，其内容则是琐碎的"街谈巷语"，乃"道听途说者之所造"。这实际上就是一些琐碎、驳杂的历史资料、遗闻逸事和百家之言，因而在文化形态上具有多元的特征。这就是汉魏六朝小说的文体内涵。此后，小说的概念虽然不断发展，但还是以这一内涵为基础，与现代小说的文体概念是不同的。

从写作语言着眼，中国古典小说可以分为文言小说和白话小说两个系统。文言小说又分成以下三类：(一)志怪小说，如《搜神记》《幽明录》等；(二)志人小说，如《世说新语》《大唐新语》《燕丹子》等；(三)传奇小说，如《离魂记》《莺莺传》等。

就其发展演变而言，中国古典小说大体可以分为汉魏六朝小说、唐宋传奇小说、宋元话本与明清拟话本小说、明清长篇小说四个系统。处于第一个小说系统中的魏晋南北朝小说，属文言小说，因其皆为短制，绝少长篇，故可统称为笔记小说。魏晋南北朝小说上承两汉小说而有了较大的发展，是中国小说发展史上的第一个黄金时代。

学习与研究魏晋南北朝小说，要从整体上对其有宏观的把握，值得注意的有两点。一是这时的小说写作，其作者并非有意为小说。鲁迅说："小说亦如诗，至唐代而一变，虽尚不离于搜奇记逸，然叙述婉转，文辞华艳，与六朝之粗陈梗概者较，演进之迹甚明，而尤显者乃在是时则始有意为小说。”(《中国小说史略》第八篇《唐之传奇文(上)》)二是这一阶段的小说往往在整体上具有史的性质和史料价值,当时与后世的学者也是把这些小说当作史料来运用的。刘叶秋说:“魏晋南北朝小说,无论内容和形式,都受到先秦两汉的影响,实际是史传的一股支流。”(《魏晋南北朝小说》)

就魏晋南北朝小说而言,根据题材内容的不同,目前学术界一般将其分为志怪小说与志人小说两大类。这是采用了鲁迅的分类方法。鲁迅《中国小说史略》把魏晋六朝小说分成两部分来论述,一是“六朝之鬼神志怪书”,一是“《世说新语》与其前后”。而他于1924年7月在西安作《中国小说的历史的变迁》的演讲,其中第二讲即为《六朝时之志怪与志人》,并明确使用了“六朝志怪的小说”与“六朝志人的小说”的概念。

志人小说,系与志怪小说相对而言。鲁迅说:“汉末士流,已重品目,声名成毁,决于片言,魏晋以来,乃弥以标格语言相尚,惟吐属则流于玄虚,举止则故为疏放,与汉之惟俊伟坚卓为重者,甚不侔矣。盖其时释教广被,颇扬脱俗之风,而老庄之说亦大盛,其因佛而崇老为反动,而厌离于世间则一致,相拒而实相扇,终乃汗漫而为清谈。渡江以后,此风弥甚,有违言者,惟一二枭雄而已。世之所尚,因有撰集,或者掇拾旧闻,或者记述近事,虽不过丛残小语,而俱为人间言动,遂脱志怪之牢笼也。”(《中国小说史略·〈世说新语〉与其前后》)这段文字系统分析了魏晋南北朝时期志人小说产生的原因。这一时期的志人小说,一般可分为三种类型:一是以三国魏邯郸淳《笑林》为代表的“笑林”体,二是以《世说新语》为代表的“世说”体,三是以《西京杂记》为代表的杂记体。“世说”体志人小说是魏晋南北朝志人小说的主流,作家作品较多,成就也最为突出,有东晋裴启的《语林》、郭澄之的《郭子》、南朝宋刘义庆的《世说新语》等,而以《世说新语》为集大成的代表作品。

2.《世说新语》书名、作者、成书与版本问题

《世说新语》又称《世说》或《世说新书》。余嘉锡认为此书原名《世说新书》,《世说》为省称,然宋黄伯思、鲁迅、杨勇、范子烨均以为其原名为

《世说》。[①]《隋志》等公私目录、敬胤注、刘孝标注以及李善《文选注》皆称为《世说》。梁陈则有称《世说新书》者(据北宋汪藻《世说叙录》),至唐则此两名并行[②],五代以后,《世说新语》成为定名。一般认为,《世说》之名肇于西汉学者刘向的著作《世说》。关于《世说新书》一名,有学者认为盖缘于后人区别二书之目的,似嫌牵强。笔者以为,《世说新语》原名《世说》,《世说新书》之名乃是刘孝标为其作注后人们对注本《世说》的称呼。而《世说新语》这一名称的由来,目前学术界尚无有力的解说。

诸史经籍(艺文)志对《世说新语》的著录已见上文。《世说新语》的作者,历代公私目录均题为刘义庆,而实际上应是成于众手的,这一问题前文已论及,此不赘述。

《世说新语》编撰成书的具体时间,学术界迄今尚无定论,多数学者认为此书成于元嘉时期(424—453)。杨勇、范子烨考证其撰集成书的时间当在元嘉十六年(439)四月至元嘉十七年(440)十月间,撰成地点为江州(今江西九江)[③]。

《世说新语》的版本与卷帙,《隋志》与两《唐志》所列均为八卷,另外,《隋志》又有《世说》十卷,刘孝标注;《旧唐志》有《续世说》十卷,刘孝标撰;《新唐志》有刘孝标《续世说》十卷;藤原佐世《日本国见在书目录》列《世说》十卷,宋临川王刘义庆撰,刘孝标注。《续世说》即为孝标注本《世说》,故《世说》原本八卷。《隋志》《南史》刘义庆本传与《日本国见在书目录》之十卷本《世说》皆为刘孝标注本。

现八卷本《世说》已不可见,刘孝标十卷注本则有古抄本《世说新书》残卷,于19世纪末发现于日本,为现存之最早版本,与《世说新语》原本最为接近。一般认为此为唐人写本,但其不避李唐皇帝名讳,故范子烨以为

---

① 诸家之说分别见于余嘉锡《四库提要辩证》卷十七"《世说新语》"条、黄伯思《东观余论》卷下《跋〈世说新语〉后》、鲁迅《中国小说史略·〈世说新语〉及其前后》、杨勇《〈世说新语〉"书名""卷帙""版本"考》(《东方文化》1970年第8卷第2期)、范子烨《魏晋风度的传神写照——〈世说新语〉研究》第一章《〈世说新语〉原名与体例考论》。范书的考证最为系统翔实,《世说》为原名,至此可为定论。

② 唐代称《世说》者繁多,上文已见,不必举例;称《世说新书》者如段成式《酉阳杂俎》,又《新唐志》著录王方庆《续世说新书》十卷。

③ 见杨勇《〈世说新语〉"书名""卷帙""版本"考》、范子烨《魏晋风度的传神写照——〈世说新语〉研究》第二章《〈世说新语〉成书考》。

系六朝写本(《魏晋风度的传神写照——〈世说新语〉研究》第四章《〈世说新语〉残卷考论》)。

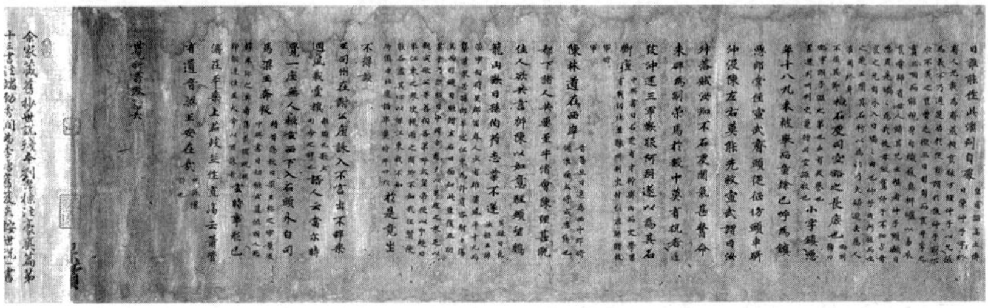

图6　唐写本《世说新语》

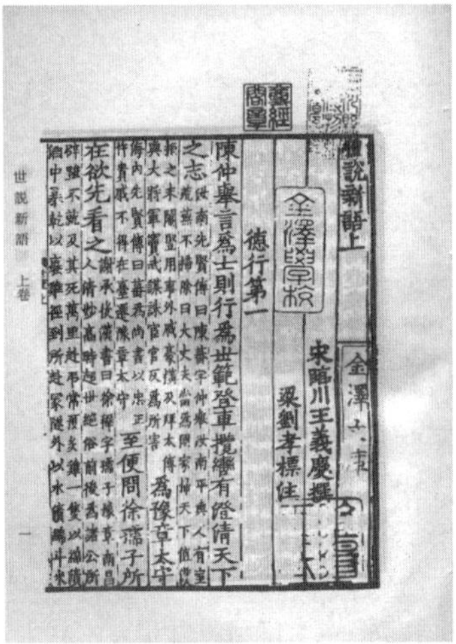

图7　金泽文库本《世说新语》

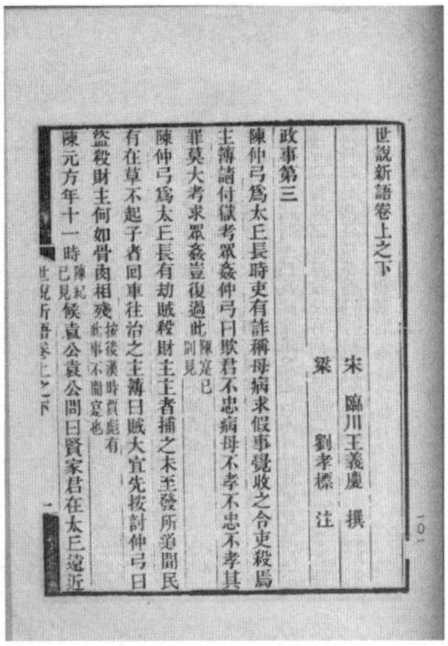

世說新語卷上之下
宋　臨川王義慶　撰
梁　劉孝標　注
政事第三
陳仲弓爲太丘長時吏有詐稱母病求假事覺收之令吏殺焉主簿請付獄考衆姦仲弓曰欺君不忠病母不孝不忠不孝其罪莫大考求衆姦豈復過此陳寔已別見
陳仲弓爲太丘長有劫賊殺財主主者捕之未至發所道聞民有在草不起子者回車往治之主簿曰賊大宜先按討仲弓曰盜殺財主何如骨肉相殘按後漢時賈彪有此事不聞寔也
陳元方年十一時陳紀已見候袁公袁公問曰賢家君在太丘遠近

图8　思贤讲舍本《世说新语》

梁顾野王重新整理刘孝标注本《世说》,分为上、中、下三卷(已不存),成为后代诸本之法式。除前述《世说新书》残卷外,今存者惟三卷本。其最早者为日本前田氏所藏南宋刻本,即金泽文库本,是南宋高宗绍兴八年(1138)广川董棻据晏殊校定本所刻。日本有珂罗版影印本,文学古籍刊行社和中华书局都曾据以影印。后来陆游曾两次翻刻董本,一为孝宗淳熙十五年(1188)新定刻本,一为淳熙十六年湘中刻本。明嘉靖十四年(1535),吴郡袁褧(尚之)嘉趣堂重雕陆游刻本(淳熙十五年本),是为嘉趣堂本,民国时期上海涵芬楼影印其书,是为《四部丛刊》本。太仓曹氏沙溪刻本、周氏博古堂刊本、凌濛初刻三色套印本,皆属袁本系统。清道光戊子(1828),浦江周欣如又据袁本重雕,稍有刊正,是为纷欣阁本。光绪十七年(1891),王先谦依据袁、周两本,为之校订重雕,此即思贤讲舍刻本,1982年由上海古籍出版社影印出版。

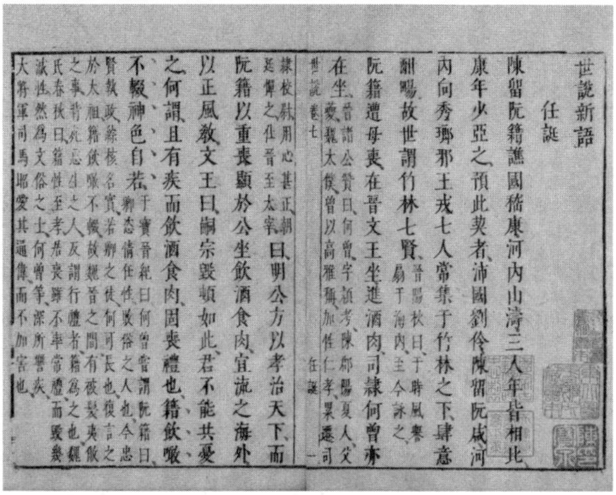
世說新語
任誕
陳留阮籍譙國嵇康河內山濤三人年皆相比
康年少亞之預此契者沛國劉伶陳留阮咸河
內向秀瑯邪王戎七人常集于竹林之下肆意
酣暢故世謂竹林七賢
阮籍遭母喪在晉文王坐進酒肉司隸何曾亦
在坐
世說卷七　任誕　一
曰明公方以孝治天下而
阮籍以重喪顯於公坐飲酒食肉宜流之海外
以正風教文王曰嗣宗毀頓如此君不能共憂
之何謂且有疾而飲酒食肉固喪禮也籍飲啖
不輟神色自若

图9　凌濛初刻《世说新语》

当代学者余嘉锡有《世说新语笺疏》,以王先谦本为底本,上海古籍出版社1993年版。徐震堮有《世说新语校笺》,以嘉趣堂本为底本,中华书局1984年版。台湾、香港地区有杨勇的《世说新语校笺》,台北宏业书局1969年版。

3.《世说新语》的性质与体例

中国古代的小说多为“道听途说”的“丛残小语”。从某种角度讲,这就是一些琐碎的历史资料。事实上,在古人的观念中,这种道听途说之词具有杂史的意味。宋司马光(1019—1086)编撰《资治通鉴》,主张“遍阅旧史,旁采小说”(《进资治通鉴表》),因为“实录、正史未必皆可据,杂史、小说未必皆无凭,在高鉴择之”(《与范内翰祖禹论修书贴》)。对《世说新语》一书亦当如是观之。其首要性质应为史书。仅举例说明:

(1)《世说新语·轻诋》二十四“庾道季诧谢公”条记裴启《语林》录谢安语不实而书遂废事,说明当时人们对于《语林》是以史看待的。而《世说》与《语林》为同类著作,时人的态度亦应相同。

（2）唐修《晋书》多取《世说新语》。

（3）宋人董棻刊《世说新语》，跋云："晋人雅尚清谈，唐初史臣修书，率意窜定，多非旧语，尚赖此书以传后世。"

（4）宋人秦果为孔仲平《续世说》作序，中云："史书之传信矣，然浩博而难观；诸子百家之小说，诚可悦目，往往或失之诬。要而不烦，信而可考，其《世说》之题欤？"

（5）刘孝标为《世说》作注，有纠缪、录异、补证、评议等体例，皆为注史之法；又刘注征引古籍四百七十五家，其中史部典籍三百零六家，若非注史，不可能涉及如此众多的史书。所以，对于《世说》，刘孝标实以史视之，故以注史之谨严态度为之作注。

的确，《世说新语》是研究魏晋历史的一部重要资料，它的内容虽亦有文学性的虚构和戏剧性的夸张之处，但总体上不离历史大格。其中所记录的相当一部分人物言行与事件可以在史籍中或通过其他手段找到证据。

然而近现代以来，人们往往多属意于《世说新语》的文学性特征，而于其史学性质则渐渐忽视。究其原因，约有如下数端：一、《世说新语》的文学成就甚为突出，掩盖了它的史学特征；二、《世说新语》在传统的文体观念下被定位为小说，而近现代人受西方传入的小说观念影响，以现代小说的概念视之，自然会忽视其史学特征；三、就形式而言，《世说新语》非以史书体例写就，即不具有史书的形式特征；四、就内容而言，《世说新语》所记往往为琐事，与一般史书主要关注大事不同。

不过，还是有一些学者对于《世说新语》等古代小说的史学性质问题有着较为准确的认识。近人梁启超云："例如《晋书》，自刘知几以下，共讥其杂采小说，例例不纯。吾侪视之，则何伤者？使各史皆如陈寿《三国志》，字字精严，笔笔锤炼，则苟无裴松之之注，吾侪将失去许多史料矣。"（《中国历史研究法》第四章《说史料》）饶宗颐云："《世说》自《晋书》粗加甄采，俾作史材；《隋志》列于小说，误当谈助。乃校孝标之注，用招子玄之讥，遽以委巷琐记目之，于此书大旨，失之远矣。"（杨勇《世说新语校笺》序言）

《世说新语》总的体例是分门隶事，共分三十六门，一千一百三十则。其中上卷四门：《德行》《言语》《政事》《文学》；中卷九门：《方正》《雅量》《识鉴》《赏誉》《品藻》《规箴》《捷悟》《夙惠》《豪爽》；下卷二十三门：《容止》《自新》《企慕》《伤逝》《栖逸》《贤媛》《术解》《巧艺》《宠礼》《任诞》《简傲》《排调》《轻诋》《假谲》《黜免》《俭啬》《汰侈》《忿狷》《谗险》《尤悔》《纰漏》《惑溺》《仇隙》。

《世说新语》三十六门其实就是编者审视当时士人的三十六个视点，三十六门之排列，由《德行》至《仇隙》，大致遵从这样一个次序：由褒到贬，褒在前，贬居后，越往前越褒，越往后越贬。这种体例与中古时代的九品文化有很大关系，“九品模式”出于班固而盛于中古，影响很大。它将人分成九个等级：上上、上中、上下、中上、中中、中下、下上、下中、下下。《世说新语》三十六门的排列，与此相对应。

《世说新语》各门之内的条目组织亦有章法：首先是以时代先后为序；其次是在以时代为序的前提下集中写某一人物或同一家族之人物；最后在遵依以上两个原则的基础上，再以内容为序。《世说新语》每一门中的故事，性质相似，所写人物有同有异；每个人物的言行，散见于各门之中。由此其所写人物与各门互为经纬，形成庞大的网络系统。读者既可依据其具体门类加强对某一方面内容的认识，又可将每个人物在各门中的故事综合起来，窥见其完整的艺术形象。

4.《世说新语》的内容

《世说新语》记事上起秦末，下迄刘宋初年，主要是魏晋之事，涉及当时社会的思想、文化、政治、军事等各个层面。魏晋时期，是中国历史上一个变乱频仍的年代，也是一个思想解放、人性觉醒的时代。政治上的动荡、纷乱与思想、文学文化的发展并行不悖。尤其是世家大族知识分子的文采风流更为后世文人所推重。《世说新语》是一部志人小说，这里的“人”，不是泛指，而是特指魏晋时期的士大夫知识分子，或者说名士。《世说新语》一书，以魏晋名士风流为核心内容，以“玄远冷峻”“高简瑰奇”的风格记述了魏晋士人的精神面貌、日常生活和遗闻轶事，如清谈、饮酒、服药、人物品藻、任诞放达等，是魏晋名士与魏晋风度的传神写照，被鲁迅誉为“名士底教科书”（《中国小说的历史的变迁》），影响深远，可谓魏晋六朝文化的缩影。

魏晋风度是魏晋士人理想人格的一种体现。它是在魏晋玄学思潮的影响下，士人精神世界的外在表现，它突破了儒家传统的礼教规范，追求一种更加符合自己本性的生活，用嵇康的话说就是“越名教而任自然”。冯友兰在《论风流》一文中曾以“玄心、洞见、妙赏、深情”来概括魏晋风度的特点。大体而言，“玄心”“洞见”主要与清谈论辩的风气有关，它产生于探求玄理的动机；“妙赏”“深情”则是在“玄心”和“洞见”的基础上对现实人生和大自然的审美观照。冯友兰说：“所谓妙赏，就是对于美的深切底感觉。”(《论风流》)下面具体言之。

魏晋时期的名士们盛行老庄虚无学说，以及剖析名理、品评人物和讨论才性的风尚，称为清谈，又称清言。唐异明说：“所谓‘魏晋清谈’，指的是魏晋时代的知识分子，以探讨人生、社会、宇宙的哲理为主要内容，以讲究修辞与技巧的谈说论辩为基本方式而进行的一种学术社交活动。”(《魏晋清谈》)这种清谈是渊源有自的，鲁迅说：“……这种清谈，本以汉之清议而来。汉末政治黑暗，一般名士议论政事，其初在社会上很有势力，后来遭执政者嫉视，渐渐被害……所以到了近代底名士，就不敢再议论政事，而一变为专谈玄理；清议而不谈政事，这就成了所谓清谈了。”(《中国小说的历史变迁》)陈寅恪也说：“清谈的兴起，大抵由于东汉末年党锢诸名士遭到政治暴力的摧残与压迫，一变其具体评议朝廷人物任用的当否，即所谓清议，而为抽象玄理的讨论。启自郭泰，成于阮籍。他们都是避祸远嫌，消极不与其时政治当局合作的人物。”(《陈寅恪魏晋南北朝史讲演录·清谈误国》)

清谈的方式，或用口，或用笔，前者为口谈，后者为笔谈。口谈的方式随意性大些，科学性也就差些。然而因其自由，也就更普遍些。清谈的地点不定，有公座之谈、私座之谈，也有在大自然中的清谈。其中私座之谈要多些。

魏晋清谈的主要内容，是老庄的哲学，包括《周易》。《老子》《庄子》和《周易》被称为“三玄”。这就是所谓的“魏晋玄学”。常见的命题有“无为”“养生”“梦”“声无哀乐”“言尽意”，圣人有情无情以及对于道家经典的解读等。此外，魏晋士人谈论的内容还有名理问题即形名之学，诸如“名实”、才性“四本”等是其中主要的论题。玄学家们一般都反对礼法，轻薄周、孔，其行为往往浪漫放达，不为尘世所羁。《世说新语》记录并反映了魏晋清谈流行的盛况，所记以口谈居多，主要模式为主客辩难。

何晏为吏部尚书，有位望，时谈客盈坐，王弼未若冠往见之。晏闻弼名，因条向者胜理语弼曰："此理仆认为极，可得复难不？"弼便作难，一坐人便认为屈，于是弼自为客主数番，皆一坐所不及。（《文学》6）[①]

支道林、许椽诸人共在会稽王斋头。支为法师，许为都讲。支通一义，四坐莫不厌心，许送一难，众人莫不抃舞。但共嗟咏二家之美，不辩其理之所在。（《文学》40）

那些杰出的清谈家都能做到语出惊人，灿然成章，具有很高的艺术性。有的甚至到了"才藻新奇，花烂映发"（《文学》36）的程度。需要指出的是，清谈不等于空谈，它有丰富的内容，能增进道德修养、学识才智，促进思想、文化、艺术的发展。如：

《庄子·逍遥》篇，旧是难处，诸名贤所可钻味，而不能拔理于郭向之外。支道林在白马寺中，将冯太常共语，因及《逍遥》。支卓然标新理于二家之表，立异义于众贤之外，皆是诸名贤寻味所不得。后遂用支理。（《文学》32）

殷中军问："自然无心于禀受，何以正善人少，恶人多？"诸人莫有言者。刘尹答云："譬如写水着地，正自纵横流漫，略无正方圆者。"一时绝叹，以为名通。（《文学》46）

宗白华《论〈世说新语〉与晋人的美》篇末附有《清谈与析理》一文，其中对于清谈这样评价道："被后世诟病的魏晋人的清谈，本是产生于探求玄理的动机，王导称之为'共谈析理'。嵇康《琴赋》里说：'非至精者不能与之析理。''析理'须有逻辑的头脑，理智的良心和探求真理的热忱。青年夭折的大思想家王弼就是这样一个人物。"这一评价是很恰当的。玄学与清谈的魅力在于人文与智慧的结合，是魏晋风流的重要表现，对于现代人的精神生活也有着重要的参考价值。

饮酒是名士风流的又一重要特征，魏晋名士的放浪形骸，大都与饮酒

① 本文所引《世说新语》及刘孝标注原文，均据余嘉锡《世说新语笺疏》，上海古籍出版社，1993年版。

有关。王孝伯言:“名士不必须奇才,但使常得无事,痛饮酒,熟读《离骚》,便可称名士。”(《任诞》53)毕茂世也说:“一手持蟹螯,一手持酒杯,拍浮酒池中,便足了一生。”(《任诞》21)魏晋时期,社会动荡不安,名士饮酒有其深刻的社会内涵,一方面是借酒浇愁,宣泄乱世中壮志难酬的苦闷,一方面也是远身避祸的重要手段。《晋书·阮籍传》云:“籍本有济世志,属魏晋之际,天下多故,名士少有全者,籍由是不与世事,遂酣饮为常。文帝初欲为武帝求婚于籍,籍醉六十日,不得言而止。钟会数以时事问之,欲因其可否而致之罪,皆以酣醉获免。”而《世说新语》中,最好酒的人物当属刘伶:

> 刘伶病酒,渴甚,从妇求酒。妇捐酒毁器,涕泣谏曰:“君饮太过,非摄生之道,必宜断之!”伶曰:“甚善。我不能自禁,唯当祝鬼神自誓断之耳。便可具酒肉。”妇曰:“敬闻命。”供酒肉于神前,请伶祝誓。伶跪而祝曰:“天生刘伶,以酒为名,一饮一斛,五斗解酲。妇人之言,慎不可听!”便引酒进肉,隗然已醉矣。(《任诞》3)

魏晋士人还有服药的风气。这里的药特指一种叫作寒食散的矿石药,因配方中有紫石英、白石英、赤石脂、石钟乳、石硫黄等五种矿石,又称五石散。五石散自汉代出现,至魏时因何晏的服食而大行于世,《世说新语》载何平叔(何晏)云:“服五石散,非唯治病,亦觉神明开朗。”刘孝标注引秦丞相(相,当作“祖”)《寒食散论》曰:“寒食散之方虽出汉代,而用之者寡,靡有传焉。魏尚书何晏首获神效,由是大行于世,服者相寻也。”(《言语》14)此药成本不菲,因此服食五石散是一种贵族活动。除何晏外,嵇康、谢安、王羲之、王恭等魏晋名士皆服食五石散。

清俞正燮《癸巳存稿》卷七云:“按寒食言服者食宜凉,衣宜薄,惟酒微温饮。”服食五石散的好处,大体是益精益气,轻身延年,也可以增加姿容的美丽。王羲之《杂帖》云:“服足下五色石膏散,身轻,行动如飞也。”(《全上古三代秦汉三国六朝文·全晋文》卷二十六)服食五石散,药性外显时,身体发热,名叫“散发”,需要行走以散发药性,称为“行散”。五石散毒性很大,服食的时候如果处置不当是非常危险的,轻者中毒,重者丧命,《晋书》《南史》等文献多有记载。晋皇甫谧云:“及寒食之疗者,御之至难,将之甚苦。近世尚书何晏,耽声好色,始服此药。心加开朗,体力转强。京师翕然，传以相授，历岁之困，皆不终朝而愈。众人喜于近利，未睹后患，晏死之后，服者弥繁，于时不辍。余亦豫焉。或暴发不常，夭害年命。”（隋巢元方《诸病源候总论》卷六《解散病诸候·寒食散发候》引）

服食五石散会有一些连带的影响，并成为时尚。如服食后发热，皮肤易于磨破，所以魏晋士人在着装上往往偏爱宽袍大袖，不穿鞋袜而穿木屐。又因皮肤易破，衣服不能穿新而宜于穿旧，也不能常洗，于是便多虱，所以便有了“扪虱而谈”的典故，传为美事。这些都在鲁迅《魏晋风度及文章与药及酒之关系》的演讲中提到了。

魏晋士人特别注重对美的追求。首先是自然之美。魏晋之后，受玄学的影响，山水之美被广泛地发现，同时又反作用于人的心灵。简文入华林园，顾谓左右曰：“会心处不必在远。翳然林水，便自有濠、濮间想也。觉鸟兽禽鱼，自来亲人。”（《言语》61）华林园的林水之美，使简文帝想到了庄子濠梁水上与钓于濮水的故事，于是得出“会心处不必在远”的结论，这是一种玄思。宗白华说：“晋人以虚灵的胸襟、玄学的意味体会自然，乃能表里澄澈，一片空明，建立最高的晶莹的美的意境！”（《论〈世说新语〉和晋人的美》）最有名的是下面两条：

顾长康从会稽还，人问山川之美，顾云：“千岩竞秀，万壑争流，草木蒙笼其上，若云兴霞蔚。”（《言语》88）

王子敬曰：“从山阴道上行，山川自相映发，使人应接不暇。若秋冬之际，尤难为怀。”（《言语》91）

顾、王之语，实不可分高下。二者一用优美而富于动感的语言描画了大自然生机勃发的美好图景，一强调山水之美的变化多端与感人心灵，均极富诗意。凌濛初云：“合长康、子敬语，一阅便可卧游山阴道。”（《世说新语鼓吹》）

除自然之美外，魏晋士人还重视人的容貌、气度之美，如时人目王右军“飘若浮云，矫若惊龙”（《容止》30）。山涛评价嵇康：“嵇叔夜之为人也，岩岩若孤松之独立；其醉也，傀俄若玉山之将崩。”（《容止》5）当然他们更追求人格的美，如雅量。所谓雅量，指的是宽宏的气度。这是一种可贵的文化品格，是一种超越了世俗的生死、荣辱与功利的美学风貌，也是魏晋时期人物品藻的一个重要尺度。晋人之美，美在神韵，雅量是晋人神韵之美的集中体现。如：

嵇中散临刑东市，神气不变。索琴弹之，奏《广陵散》。(《雅量》2)

夏侯太初尝倚柱作书。时大雨，霹雳破所倚柱，衣服焦然，神色无变，书亦如故。宾客左右，皆跌荡不得住。(《雅量》3)

谢公与人围棋，俄而谢玄淮上信至。看书竟，默然无言，徐向局。客问淮上利害，答曰："小儿辈大破贼。"意色举止，不异于常。(《雅量》35)

宗白华说："晋人向外发现了自然，向内发现了自己的深情。"(《论〈世说新语〉和晋人的美》)魏晋时期是一个非常重情的时代，而对情感的重视也是魏晋风度的表现。桓子野每闻清歌，辄唤："奈何！"谢公(谢安)闻之曰："子野可谓一往有深情。"(《任诞》42)又如：

王戎丧儿万子，山简往省之，王悲不自胜。简曰："孩抱中物，何至于此？"王曰："圣人忘情，最下不及情；情之所钟，正在我辈。"简服其言，更为之恸。(《伤逝》4)

桓公北征金城，见前为琅邪时种柳，皆已十围，慨然曰："木犹如此，人何以堪！"攀枝执条，泫然流涕。(《言语》18)

王子猷、子敬俱病笃，而子敬先亡。子猷问左右："何以都不闻消息？此已丧矣！"语时了不悲。便索舆来奔丧，都不哭。子敬素好琴，便径入坐灵床上，取子敬琴弹，弦既不调，掷地云："子敬！子敬！人琴俱亡。"因恸绝良久，月余亦卒。(《伤逝》16)

"圣人忘情"的教诲并没能束缚住魏晋名士们的感情，在种种的放诞不羁后面，隐藏的是一颗颗深沉丰富、敏感哀伤的心。正如孔夫子的"逝者如斯"之叹一样，面对垂柳，桓温强烈地感受到了生命的流逝、岁月的无情，感到了人生的短促渺小，以致"泫然流涕"。庾信在《枯树赋》中，根据桓温的话写成了一首四言小诗："昔年种柳，依依汉南；今逢摇落，凄怆江潭；树犹如此，人何以堪。"而王氏兄弟之间的深情，更是感人至深，令人泪下。

魏晋士人往往追求一种超凡脱俗的神韵和卓尔不群的风姿，这是其独立人格与理想人生境界的追求。如王子猷尝暂寄人空宅住，便令种竹。或问："暂住何烦尔？"王啸咏良久，直指竹曰："何可一日无此君？"（《任诞》46）支道林常养数匹马。或言："道人畜马不韵。"支曰："贫道重其神骏。"（《言语》63）这种独立人格的进一步发展，就是一种任诞放达的情怀，反对礼法，轻薄周、孔，不为尘世所羁。阮籍是这一方面的代表。其嫂回家，籍见与别。或讥之。籍曰："礼岂为我辈设也？"（《任诞》7）他在晋文王司马昭坐，箕踞啸歌，酣放自若。（《简傲》1）又如：

顾和始为扬州从事。月旦当朝，未入顷，停车州门外。周侯诣丞相，历和车边。和觅虱，夷然不动。周既过，反还，指顾心曰："此中何所有？"顾搏虱如故，徐应曰："此中最是难测地。"周侯既入，语丞相曰："卿州吏中有一令仆才。"（《雅量》22）

王子猷居山阴，夜大雪，眠觉，开室，命酌酒，四望皎然。因起彷徨，咏左思《招隐诗》。忽忆戴安道。时戴在剡，即便夜乘小船就之。经宿方至，造门不前而返。人问其故，王曰："吾本乘兴而行，兴尽而返，何必见戴？"（《任诞》47）

顾和扪虱而谈，自然洒落，因此而赢得周𫖮的赞赏。"雪夜访戴"的例子能够表现出魏晋士人以兴为美的特点，王徽之（子猷）所重视和享受的是过

图10　雪夜访戴图

程，兴发而行，兴尽而归，与绝大多数人追求结果的功利性表现大异其趣。这是当时名士脱略行迹，注重内心体验的典型反映。宗白华评价说："这截然地寄兴趣于生活过程的本身价值而不拘泥于目的，显示了晋人唯美生活的典型。"(《论〈世说新语〉和晋人的美》)揭示了这则轶事中所蕴含的晋人唯美生活的意义。

相应地，《世说新语》中人物的言行往往体现出诗性思维与诗性人格。所谓诗性思维，是一种高度艺术化的思维方式，它是对美的思考与追求。这种追求往往是超功利、超世俗的。顾长康啖甘蔗，先食尾。问所以，云："渐至佳境。"(《排调》59)对佳境的向往、体味与追求就是典型的诗性思维。《世说》中有很多这样的例子：

> 晋简文为抚军时，所坐床上尘不听拂，见鼠行迹，视以为佳。(《德行》37)
>
> 司马太傅斋中夜坐，于时天月明净，都无纤翳。太傅叹以为佳。谢景重在坐，答曰："意谓乃不如微云点缀。"太傅因戏谢曰："卿居心不静，乃复强欲滓秽太清邪？"(《言语》98)

晋简文帝(司马昱)未必喜欢鼠，但他喜欢鼠行的痕迹。多数人是爱屋及乌、恨乌及屋，而简文帝能够将"屋""乌"分开，纯然从审美的角度去看，这是值得肯定的。后一条是两种审美观念的交锋，"天月明净，都无纤翳"还是"微云点缀"，虽然看法并不相同，但对美的追求是一致的。

《世说》人物的诗性人格首先表现为真实、自然、洒脱的精神风貌。王述转尚书令，"事行便拜"(《方正》47)，并不克让，直接而真实。这显然不符合世俗的习惯，但却是一种非常可贵的品质。因此谢安称赞他"掇皮皆真"(《赏誉》78)。"嵇康与吕安善，每一相思，千里命驾。"(《简傲》4)这种情感的表达率真、自然，毫无世俗惯性思维的羁绊，令人欣赏。又如：

> 郗太傅在京口，遣门生与王丞相书，求女婿。丞相语郗信："君往东厢，任意选之。"门生归，白郗曰："王家诸郎，亦皆可嘉，闻来觅婿，咸自矜持。唯有一郎，在床上坦腹卧，如不闻。"郗公云："正此好！"访之，乃是逸少，因嫁女与焉。(《雅量》19)

王羲之坦腹东床的故事广为传颂。之所以被郗鉴看中，就是因为他自然、洒脱，绝无伪饰。刘辰翁评云："晋人风致，著此故为第一。在古人中真不可无。"

《世说》人物的诗性人格还表现为强烈的自我意识。桓温少与殷浩齐名，常有竞心。桓问殷："卿何如我？"殷云："我与我周旋久，宁作我。"(《品藻》35)"我与我周旋久，宁作我"，这可以视作魏晋名士追求自我的宣言。又如王徽之：

> 王子猷作桓车骑参军。桓谓王曰："卿在府久，比当相料理。"初不答，直高视，以手版拄颊云："西山朝来，致有爽气。"(《简傲》13)

这简直就是一种自我陶醉！又如桓温谓谢尚："仁祖企脚北窗下弹琵琶，故自有天际真人想。"(《容止》32)宗白华说："天际真人是晋人理想的人格，也是理想的美。"(《论〈世说新语〉和晋人的美》)天际真人的境界，恐怕连自我也超脱了！有时，这种对于自我的追求会发展成一种"特立独行"：

> 刘伶恒纵酒放达，或脱衣裸形在屋中，人见讥之。伶曰："我以天地为栋宇，屋室为裈衣，诸君何为入我裈中？"(《任诞》6)

《世说新语》虽以记述名士言行为主，但在众多的名士中间，有几类人物是比较特殊的，一类是"芝兰玉树"般的儿童形象，一类是风韵独特的女子群像，还有一类是优游凡俗的名僧。对于前两类人物，以刘义庆为首的编撰者虽亦将其统筹于"名士"的大视野中，但儿童实际上只能算作名士的"预备军"，女性因其性别的原因也不能广泛参与名士的交游。唯有名僧，虽为僧人，但《世说新语》的编者们实以名士视之。故《世说新语》全书立《夙惠》与《贤媛》二门，专记儿童与女性，但无《名僧》一门，原因即在于此。这几类人物，为《世说新语》的人物世界增添了几道炫目的风景。据笔者统计，《世说新语》中关于儿童的条目有近五十条，涉及女性形象的条目有七十余条，涉及名僧的条目共七十四条。

如聪颖机警，思维敏捷，富于智慧，甚至"宛若成人"的儿童：

> 孔文举年十岁，随父到洛。时李元礼有盛名，为司隶校尉。诣门者，皆俊才清称及中表亲戚乃通。文举至门，谓吏曰："我是李府君亲。"既通，前坐。元礼问曰："君与仆有何亲？"对曰："昔先君仲尼与

君先人伯阳有师资之尊，是仆与君奕世为通好也。”元礼及宾客莫不奇之。太中大夫陈韪后至，人以其语语之，韪曰：“小时了了，大未必佳。”文举曰：“想君小时，必当了了。”韪大踧踖。（《言语》3）

张吴兴年八岁，亏齿，先达知其不常，故戏之曰：“君口中何为开狗窦？”张应声答曰：“正使君辈从此出入。”（《排调》30）

孔融被收，中外惶怖。时融儿大者九岁，小者八岁，二儿故琢钉戏，了无遽容。融谓使者曰：“冀罪止于身，二儿可得全不？”儿徐进曰：“大人岂见覆巢之下，复有完卵乎？”寻亦收至。（《言语》5）

又如颇具名士风神的女性：

谢太傅寒雪日内集，与儿女讲论文义。俄而雪骤，公欣然曰：“白雪纷纷何所似？”兄子胡儿曰：“撒盐空中差可拟。”兄女曰：“未若絮因风起。”公大笑乐。即公大兄无奕女，左将军王凝之妻也。（《言语》71）

谢遏绝重其姊。张玄常称其妹，欲以敌之。有济尼者，并游张、谢二家，人问其优劣，答曰：“王夫人神情散朗，故有林下风气；顾家妇清心玉映，自是闺房之秀。”（《贤媛》30）

潘岳妙有姿容，好神情。少时挟弹出洛阳道，妇人过者，莫不连手共萦之。左太冲绝丑，亦复效岳游遨，于是群妪齐共乱唾之，委顿而返。（《容止》7）

再如“才藻新奇，花烂映发”的名僧：

王逸少作会稽，初至，支道林在焉。孙兴公谓王曰：“支道林拔新领异，胸怀所及乃自佳，卿欲见不？”王本自有一往隽气，殊自轻之。后孙与支共载往王许，王都领域，不与交言。须臾支退，后正值王当行，车已在门。支语王曰：“君未可去，贫道与君小语。”因论《庄子·逍遥游》。支作数千言，才藻新奇，花烂映发。王遂披襟解带，留连不能已。（《文学》36）

5.《世说新语》的成就与影响

中国古典文学的作品宛若长江大河。《世说新语》一书绝对可以称为其中一段精美的乐章，是一部出类拔萃的杰作。千百年来，传之不衰。历代文人都对其称赏备至。明代学者吴征瑞云："《世说》独标义例于篇章之表，发妙语于典籍之余，名理析于单词，雌黄寄于只语，令读者味之而忘倦，览者饫之而自得。"（吴氏校刊八卷本《世说新语》序）著名翻译家和艺术评论家傅雷曾致书其子傅聪说："你现在手头没有散文的书，《世说新语》大可一读。日本人几百年来都把它当作枕中秘宝。我常常缅怀两晋六朝的文采风流，认为是中国文化的一个高峰。"（《傅雷家书》）

《世说新语》在艺术上有很高的成就。它生动、形象地刻画了众多上流社会的人物，如阮籍、嵇康、王导、谢安、王羲之等，可谓异彩纷呈。明人胡应麟赞之曰："读其语言，晋人面目气韵，恍惚生动，而简约玄澹，真致不穷，古今绝唱也。"（《少室山房笔丛·九流绪论下》）《世说新语》语言优美、简约含蓄、隽永传神，通俗的方言、口语与典雅的书面语汇珠联璧合，往往令人回味无穷。宋高似孙《纬略》说它"极为精绝"；刘应登认为它"清微简远，居然玄胜"，还说"临川善述，更自高简有法"（《世说新语序》）；鲁迅把它的艺术特色概括为"记言则玄远冷峻，记行则高简瑰奇"（《中国小说史略·〈世说新语〉及其前后》）；宗白华甚至说它开启了"世说新语时代"（《论〈世说新语〉和晋人的美》）。如："顾悦与简文同年，而发蚤白。简文曰：'卿何以先白？'对曰：'蒲柳之姿，望秋而落；松柏之质，经霜弥茂。'"（《言语》57）以物喻人，形象生动。又："王安丰妇常卿安丰。安丰曰：'妇人卿婿，于礼不为敬，后勿复尔。'妇曰：'亲卿爱卿，是以卿卿；我不卿卿，谁当卿卿？'遂恒听之。"（《惑溺》6）活泼俏皮，更让我们体会到夫妻之间的深情。《世说新语》注重以心理、细节描写来刻画人物形象，均能做到声口毕肖。心理描写如："钟会撰《四本论》，始毕，甚欲使嵇公一见。置怀中，既定，畏其难，怀不敢出，于户外遥掷，便回急走。"（《文学》5）生动地写出钟会对嵇康敬仰而又畏惧的忐忑心理。细节描写如顾雍推知其子顾劭已死，“虽神气不变，而心了其故，以爪掐掌，血流沾褥”（《雅量》1）。又“王蓝田性急。尝食鸡子，以箸刺之，不得，便大怒，举以掷地。鸡子于地圆转未止，仍下地以屐齿碾之，又不得，瞋甚，复于地取内口中，啮破即吐之”。（《忿狷》2）这些细节能够深刻地反映出人物的性格特征。

《世说新语》中有一则很有名的故事：

> 王濬冲为尚书令，著公服，乘轺车，经黄公酒垆下过，顾谓后车客：“吾昔与嵇叔夜、阮嗣宗共酣饮于此垆，竹林之游，亦预其末。自嵇生夭、阮公亡以来，便为时所羁绁。今日视此虽近，邈若山河。”（《伤逝》2）

伍叔傥评之曰：“居然犹美于《迢迢牵牛星》，富有诗意。《世说》超秀，韵味直是一部无韵散文诗。比秦女《休行》，班固《咏史》，尤为近诗。”（《暮远楼自选诗》附《谈五言诗》）说这则故事乃至《世说新语》一书富有诗意，当然是不错的，但还不足以概括其丰富的审美蕴涵。王戎是“竹林七贤”之一，他经过昔日曾与嵇康、阮籍共饮的酒垆，触物伤怀，感叹物是人非，时光流逝。短短几行文字，关涉竹林名士之游、饮酒、清谈、魏末的政治、友情、对人生的思考等多重蕴涵，耐人寻味。而这则故事可以视为全书的缩影，整部《世说新语》向读者展示了其多重的审美意蕴和无穷魅力。

图11　竹林七贤与荣启期

《世说新语》在形式与内容上均集魏晋志人小说之大成，人们称之为“世说体”，问世一千五百多年来颇得历代文人学士赏誉。后世仿作不绝，形成了一个“世说系列”。主要有：唐代王方庆《续世说新书》（已佚）、刘肃《大唐新语》，宋代王谠《唐语林》、孔平仲《续世说》，明代何良骏《何氏语林》、焦竑《明世说》、李绍文《明世说新语》,清代李清《女世说》、王晫《今世说》,民国易宗夔《新世说》等。

《世说新语》还是后世小说、戏剧题材的渊薮。《三国演义》的某些情节如杨修解"黄绢幼妇"之辞、望梅止渴、七步诗等,即取自此书。而元代关汉卿的《玉镜台》、秦简夫的《剪发待宾》、明代杨慎的《兰亭会》等戏曲作品,都是根据《世说新语》中的故事改编的,分别取材于《假谲》9"温公丧妇"条、《贤媛》19"陶公少有大志"条和《企羡》3"王右军得人以《兰亭集序》方《金谷诗序》"条。另外,有许多广泛应用的成语如难兄难弟、拾人牙慧、咄咄怪事、一往情深、东床快婿等也都出自《世说新语》。仅举"黄绢幼妇"条:

> 魏武尝过曹娥碑下,杨修从,碑背上见题作"黄绢幼妇,外孙齑臼"八字。魏武谓修曰:"解不?"答曰:"解。"魏武曰:"卿未可言,待我思之。"行三十里,魏武乃曰:"吾已得。"令修别记所知。修曰:"黄绢,色丝也,于字为绝。幼妇,少女也,于字为妙。外孙,女子也,于字为好。齑臼,受辛也,于字为辞。所谓'绝妙好辞'也。"魏武亦记之,与修同,乃叹曰:"我才不及卿,乃觉三十里。"(《捷悟》3)

《世说新语》还有许多外文译本,如比利时布鲁诺·贝莱佩尔(Bruno Belpaire)的法文译本(1974)、美国马瑞志(Richard B. Mather)的英文译本(1976)、韩国金长焕(Kim Jang huwan)的韩文译本(1966、1997、1999)和多种日文译本等。

四、不朽之盛事（下）：《幽明录》《宣验记》及其内容与成就

1. 志怪小说的概念、内涵、产生原因与分类

《幽明录》和《宣验记》都是志怪小说。“志怪”一词，首见于《庄子·逍遥游》，至唐段成式《酉阳杂俎》，“志怪小说”的概念正式出现，明代学者胡应麟则多次在题材分类的意义上使用这一名词。鲁迅在厘定古小说的门类时，以志怪与志人对举，最终赋予了“志怪小说”一词以精确的文体内涵，志怪小说正式成为一种文体概念。

志怪，顾名思义，为记述怪异的作品，其内容大多是殊方异物、神仙方术、鬼魅精怪、佛法灵异等，总的特点是奇异怪诞，非凡俗世界中常事常情，是出于自觉不自觉的虚构夸张，是现实生活在幻想中的曲折反映。王充《论衡·奇怪篇》云：“世好奇怪，古今同情。”这种情况在魏晋南北朝时期尤为显著，所以这一时期的志怪小说非常发达，现存和可考的作品达八九十种之多。鲁迅说：

> 中国本信巫，秦汉以来，神仙之说盛行，汉末又大畅巫风，而鬼道愈炽；会小乘佛教亦入中土，渐见流传。凡此皆张皇鬼神，称道灵异，故自晋讫隋，特多鬼神志怪之书。其书有出于文人者，有出于教徒者。文人之作，虽非如释道二家，意在自神其教，然亦非有意为小说，盖当时以为幽明虽殊途，而人鬼乃皆实有，故其叙述异事，与记载人间常事，自视固无诚妄之别矣。（《中国小说史略·六朝之鬼神志怪书（上）》）

鲁迅这段话包含两个方面的内容:一、宗教迷信的昌炽是魏晋南北朝志怪小说繁荣的基本原因。魏晋南北朝时期,佛教、道教及原始宗教观念流行,宗教迷信和鬼神观念深入人心。这种情况造成大批鬼神传说的出现和流传,不仅前代产生的旧传说得到进一步的传播机会,而且产生了大量新的传说。这样,志怪小说就有了极为丰富的素材来源和幻想基础并因之而大量产生。二、志怪小说的作者有文人和佛、道教徒,二者的创作动机不同,然皆以神鬼为实有。六朝文人普遍接受佛、道及原始宗教思想,宗教迷信观念极大地支配着他们的写作。佛教徒和道教徒出于自神其教即宣扬法旨和自神其术的目的,纷纷著书立说,记鬼神之事。这种情况在佛教徒中尤为突出,所以南北朝时期"释氏辅教之书"特多。这是我们欣赏和把握六朝志怪小说时需要特别注意的一点。干宝写作《搜神记》即是一个典型的例子,据其自序,干宝是以著史的谨严态度撰著《搜神记》的。其宗旨则在于"明神道之不诬""演八略之旨"。据《晋书》卷八十二本传,干宝《搜神记》的写作,其直接原因是父婢及兄复生事:

> 宝父先有所宠侍婢,母甚妒忌,及父亡,母乃生推婢于墓中。宝兄弟年小,不之审也。后十余年,母丧,开墓,而婢伏棺如生。载还,经日乃苏。言其父常取饮食与之,恩情如生。在家中吉凶辄语之,考校悉验。地中亦不觉为恶。既而嫁之,生子。又宝兄尝病气绝,积日不冷,后遂悟,云见天地间鬼神事,如梦觉,不自知死。宝以此遂撰集古今神祇灵异人物变化,名为《搜神记》,凡三十卷。

根据题材内容与表达方式的差异,魏晋南北朝志怪小说大体可以分为四类:晋张华《博物志》为代表的"博物"体志怪小说、晋干宝《搜神记》为代表的"搜神"体志怪小说、晋葛洪《神仙传》为代表的杂史杂传体志怪小说与"释氏辅教之书"。其中"搜神"体志怪小说的成就最高,《幽明录》就是这一类中具有代表性的优秀作品。《宣验记》则属于"释氏辅教之书"中的代表性作品。

魏晋六朝时期的志怪小说,记鬼神、写妖怪、宣佛道,诸般奇异,不一而足。而其篇幅短小、情节简练、叙事生动、意境优美、传神写照、兴味盎然,足为中国古典小说史上一道独特、靓丽之风景。

2.《幽明录》的内容与成就

《幽明录》的书名来自《周易·系辞上》“是故知幽明之故”，韩康伯注曰：“幽明者，有形无形之象。”有形者为“明”，即人间世界；无形者为“幽”，即鬼神世界，“幽明”即是人神鬼道并举之意。顾名思义，《幽明录》一书采录的大量志怪故事，多写阴阳神鬼与人的交集。

《幽明录》于《宋史·艺文志》未见著录，宋洪迈(1123—1202)《夷坚支志》辛卷一《夷坚三志辛序》云：“《幽明录》今无传于世。”则至晚亡于洪迈之前。今所见皆辑佚本，如收入《丛书集成初编》的《琳琅秘室丛书》本，清代胡珽辑刻，辑录《幽明录》的内容一百五十八则。比较完备的是鲁迅校录的《古小说钩沉》本，辑得二百六十五则。又有郑晚晴辑注本，以鲁迅《古小说钩沉》本为底本，辑录二百八十五则，分为六卷，另有附录，并加注释。

图12　鲁迅《古小说钩沉》

图13　《幽明录》书影

《幽明录》中的部分内容，系“纂集旧文”而来。据王国良《魏晋南北朝志怪小说研究》，《幽明录》的一些内容出自《异闻记》《列异传》《博物志》《异林》《祖氏志怪》《曹毗志怪》《搜神记》《搜神后记》《甄异传》《灵鬼志》《孔氏志怪》等十余种志怪小说。(上编第四章《志怪小说之资料来源》)然而这些采自旧文的内容所占比例并不大，《幽明录》所记大多为晋宋时事。李剑国说：“采自旧书者不足四分之一，绝大部分是首出，而主要是晋宋事，因而全书有较强的时代感。”(《唐前志怪小说史·南朝志怪小说》)

《幽明录》内容丰富多彩,文笔雅洁优美、流畅自然,是南北朝时期最为杰出的志怪小说,足以和《搜神记》相媲美。吴志达《中国文言小说史》说:"(《幽明录》)艺术上在有意为小说方面有所进步,能突破志怪小说的传统格局,有所创新,善于在不长的篇幅中表现较丰的意蕴,文字雅洁清新。"

李剑国说:"《幽明录》绝大多数是关于现实生活中士民道俗的奇闻异事,因而全书呈现出这样一种状态:其人其事尽在耳目间,实实在在,而又渺渺茫茫,实中见幻,平中见奇,给人一种虚幻性的现实感。他实际是和《世说》分别从虚实两方面反映晋宋社会,二者相得益彰。"(《唐前志怪小说史·南朝志怪小说》)它在内容上的特点是,虽仍以记鬼神灵异故事为主,但出现了新思想、新意境、新题材;特别是宣扬佛教的故事增多,体现了作者佛教徒的身份和佛教对小说的影响。

爱情是文学创作永恒的主题,《幽明录》中有一些十分动人的爱情故事,这些故事都附着了一层或浓或淡的神异色彩,爱情的力量可以冲破人与神、鬼、精怪的界限。如"刘晨阮肇""黄原"为人仙之恋故事,属于《搜神后记》"袁柏根硕"式的传说。前者写刘晨、阮肇共入天台山,因迷路而遇二仙子并结为夫妇,后者写黄原因青犬而结缘仙女的故事。

汉永平五年,剡县刘晨、阮肇共入天台山,迷不得返,经十三日,粮食乏尽,饥馁殆死。遥望山上有一桃树,大有子实,永无登路。攀援藤葛,乃得至上。各啖数枚,而饥止体充。复下山,持杯取水,欲盥漱,见芜菁叶从山腹流出,甚鲜新,复一杯流出,有胡麻饭糁,便共没水,逆流行二三里,得度山,出一大溪边,有二女子,姿质妙绝,见二人持杯出,便笑曰:"刘阮二郎,捉向所失流杯来。"晨、肇既不识之,缘二女便呼其姓,如似有旧,乃相见而悉。问:"来何晚?"因邀还家。其家铜瓦屋,南壁及东壁下各有一大床,皆施绛罗帐,帐角悬铃,金银交错,床头各有十侍婢,敕云:"刘阮二郎,经涉山岨,向虽得琼实,犹尚虚弊,可速作食。"食胡麻饭、山羊脯、牛肉,甚甘美。食毕行酒,有一群女来,各持五三桃子,笑而言:"贺汝婿来。"酒酣作乐。至暮,令各就一帐宿,女往就之,言声清婉,令人忘忧。遂停半年。气候草木是春时,百鸟啼鸣,更怀悲思,求归甚苦。女曰:"罪牵君,当可如何?"遂呼前来女子有三四十人，集会奏乐，共送刘阮，指示还路。既出，亲旧零落，邑屋改异，无复相识。问讯得七世孙，传闻上世入山，迷不得归。至晋太元八年，忽复去，不知何所。（唐释道世《法苑珠林》卷四十一，又见《艺文类聚》卷七、《太平御览》卷四十一、白居易《白氏六帖事类集》卷二）①

汉时太山黄原，平旦开门，忽有一青犬在门外伏，守备如家养。原绁犬，随邻里猎，日垂夕，见一鹿，便放犬，犬行甚迟，原绝力逐，终不及。行数里，至一穴，入百余步，忽有平衢，槐柳列植，行墙回匝。原随犬入门，列房栊户可有数十间，皆女子，姿容妍媚，衣裳鲜丽。或抚琴瑟，或执博棋。至北阁，有三间屋，二人侍直，若有所伺。见原，相视而笑："此青犬所致妙音婿也！"一人留，一人入阁。须臾，有四婢出，称太真夫人白黄郎："有一女年已弱笄，冥数应为君妇。"既暮，引原入内。内有南向堂，堂前有池，池中有台，台四角有径尺穴，穴中有光映帷席，妙音容色婉妙，侍婢亦美。交礼既毕，宴寝如旧。经数日，原欲暂还报家，妙音曰："人神异道，本非久势。"至明日，解佩分袂，临阶涕泗。后会无期，深加爱敬："若能相思，至三月旦，可修斋洁。"四婢送出门，半日至家。情念恍忽。每至其期，常见空中有軿车仿佛若飞。（《法苑珠林》卷四十二）

这两则故事生动细腻、奇幻浪漫、富于情韵，都非常有名。尤其是"刘晨阮肇"的故事，唐传奇张鷟《游仙窟》、元杂剧王子一《刘晨阮肇误入桃花源》、蒲松龄《聊斋志异·翩翩》等作品皆取材于它。李商隐《无题》（来是空言去绝踪）之"刘郎已恨蓬山远，更隔蓬山一万重"二句，便是用此典故。

人仙之恋外，亦有人鬼之恋。如"钟繇"：

钟繇忽不复朝会，意性有异于常。寮友问其故，云："常有妇人

① 本书所引《幽明录》《宣验记》原文，均据相关文献所引重新辑录，见于多种文献者，择善而从，同等情况下，取时代较早之文献，必要者注明文本之差异。

来，美丽非凡。”间（间，似应作“问”）者曰：“必是鬼物，可杀之。”后来，止户外曰：“何以有相杀意？”元常曰：“无此。”殷勤呼入，意亦有不忍，乃微伤之。便出去，以新绵拭血竟路。明日，使人寻迹，至一大冢，棺中一妇人，形体如生。白练衫，丹绣裲裆，伤一髀，以裲裆中绵拭血。自此便绝。（《太平广记》卷三百十七）

又有人与精怪之恋。如“苏琼”“白鹤墟女子”“淳于矜”：

晋安帝元兴中，一人年出二十，未婚对，然目不干色，曾无秽行。尝行田，见一女甚丽，谓少年曰：“闻君自以柳李之俦，亦复有桑中之欢邪？”女便歌，少年微有动色，后复重见之，少年问姓，云：“姓苏，名琼，家在涂中。”遂要还，尽欢。从弟便突入以杖打女，即化成雌白鹄。（《太平广记》卷四百六十）

宋永兴县吏钟道得重病初差，情欲倍常。先乐白鹤墟中女子，至是犹存想焉。忽见此女子振衣而来，即与燕好。是后数至。道曰：“吾甚欲鸡舌香。”女曰：“何难？”乃掬香满手以授道，道邀女同含咀之，女曰：“我气素芳，不假此。”女子出户，狗忽见，随咋杀之，乃是老獭，口香即獭粪，顿觉臭秽。（《太平广记》卷四百六十九）

晋太元中，瓦官佛图前淳于矜，年少洁白，送客至石头城南，逢一女子，美姿容，矜悦之，因访问。二情既和，将入城北角，共尽欣好，便各分别。期更克集，便欲结为伉俪。女曰：“得婿如君，死何恨？我兄弟多，父母并在，当问我父母。”矜便令女婢问其父母，父母亦悬许之。女因敕婢取银百斤，绢百匹，助矜成婚。经久，养两儿，当作秘书监。明果驺卒来召，车马导从，前后部鼓吹。经少日，有猎者过，觅矜，将数十狗，径突入，龁妇及儿，并成狸。绢帛金银，并是草及死人骨、蛇魅等。（《法苑珠林》卷四十二）

同样是爱情题材，“卖胡粉女子”属复生故事，“庞阿”为首次出现的离魂故事。它们都无涉神仙鬼怪，前者写男子因爱情的到来不胜其悦，欢踊遂死，因女子的精诚之情而复生。后者写石氏女对庞阿一见倾心，竟离魂诣阿，情节十分离奇，更可见爱情的伟大力量。

有人家甚富，止有一男，宠恣过常。游市，见一女子美丽，卖胡粉，爱之，无由自达，乃托买粉，日往市，得粉便去，初无所言。积渐久，女深疑之，明日复来，问曰："君买此粉，将欲何施？"答曰："意相爱乐，不敢自达，然恒欲相见，故假此以观姿耳！"女怅然有感，遂相许以私，克以明夕。其夜，安寝堂屋，以俟女来，薄暮果到，男不胜其悦，把臂曰："宿愿始伸于此！"欢踊遂死。女惶惧，不知所以，因遁去，明还粉店。至食时，父母怪男不起，往视已死矣。当就殡敛，发箧笥中，见百余裹胡粉，大小一积。其母曰："杀吾儿者，必此粉也。"入市遍买胡粉，次此女，比之手迹如先，遂执问女曰："何杀我儿？"女闻呜咽，具以实陈。父母不信，遂以诉官。女曰："妾岂复吝死？乞一临尸尽哀！"县令许焉。径往抚之恸哭，曰："不幸致此，若死魂而灵，复何恨哉？"男豁然更生，具说情状，遂为夫妇，子孙繁茂。（《太平广记》卷二百七十四）

巨鹿有庞阿者，美容仪。同郡石氏有女，曾内睹阿，心悦之。未几，阿见此女来诣，阿妻极妒，闻之，使婢缚之，送还石家，中路遂化为烟气而灭。婢乃直诣石家，说此事。石氏之父大惊曰："我女都不出门，岂可毁谤如此？"阿妇自是常加意伺察之，居一夜，方值女在斋中，乃自拘执以诣石氏，石氏父见之愕眙，曰："我适从内来，见女与母共作，何得在此？"即令婢仆于内唤女出，向所缚者奄然灭焉。父疑有异，故遣其母诘之。女曰："昔年庞阿来厅中，曾窃视之。自尔仿佛即梦诣阿，及入户，即为妻所缚。"石曰："天下遂有如此奇事！夫精情所感，灵神为之冥著，灭者盖其魂神也。"既而女誓心不嫁。经年，阿妻忽得邪病，医药无征，阿乃授币石氏女为妻。（《太平广记》卷三百五十八）

这两则故事极富浪漫和传奇色彩，也一直受到历代文人的关注，不断地被改编成小说和戏曲。"卖胡粉女子"，南宋皇都风月主人《绿窗新话·郭金华买脂慕粉郎》，宋元明以来多种戏文、杂剧、传奇如明童养中传奇《胭脂记》，蒲松龄《聊斋志异·阿绣》等，均以之为蓝本。而"庞阿"，唐传奇陈玄祐《离魂记》、元杂剧郑光祖《迷青琐倩女离魂》、明瞿佑《剪灯新话·金凤钗记》、凌濛初《初刻拍案惊奇·大姊游魂完宿愿》、蒲松龄《聊斋志异·阿宝》皆取材于它。

说到复生故事，《幽明录》中有一则“胡脚”，颇有意味：

晋元帝世有甲者，衣冠族姓，暴病亡。见人将上天诣司命，司命更推校，算历未尽，不应枉召，主者发遣令还。甲尤脚痛，不能行，无缘得归，主者数人共愁，相谓曰：“甲若卒以脚痛不能归，我等坐枉人之罪。”遂相率具白司命，司命思之良久，曰：“适新召胡人康乙者，在西门外，此人当遂死，其脚甚健，易之，彼此无损。”主者承敕出，将易之。胡形体甚丑，脚殊可恶，甲终不肯。主者曰：“君若不易，便长决留此耳！”不获已，遂听之。主者令二人并闭目，倏忽，二人脚已各易矣。仍即遣之，豁然复生。具为家人说，发视果是胡脚，丛毛连结，且胡臭。甲本士，爱玩手足，而忽得此，了不欲见，虽获更活，每惆怅殆欲如死。旁人见识此胡者，死犹未殡，家近在茄子浦，甲亲往视胡尸，果见其脚着胡体，正当殡敛，对之泣。胡儿并有至性，每节朔，儿并悲思，驰往，抱甲脚号咷。忽行路相逢，便攀援啼哭。为此每出入时，恒令人守门，以防胡子。终身憎秽，未尝误视，虽三伏盛暑，必复重衣，无暂露也。(《太平广记》卷三百七十六)

这个故事反映了东晋时期胡汉杂居的情况以及汉人对胡人的认识。有易脚者，亦有易头者，如“贾弼之”：

河东贾弼之，义熙中为琅邪府参军。夜梦有一人，面查皰，甚多鬓，大鼻瞯目，请之曰：“爱君之貌，欲易头，可乎？”乃于梦中许易。明朝起，自不觉，而人悉惊走藏，云：“那汉何处来？”弼取镜自看，方知怪异。因还家，家人悉惊入内，妇女走藏，云：“那得男子？”弼坐，自陈说。后能半面笑，两足、手、口各捉一笔俱书，辞意皆美，此为异也，余并如先。(《艺文类聚》卷十七，又见《太平御览》卷三百六十四)

人有鬼魂，物有精怪妖魅。《幽明录》中有数量众多的鬼故事，其中人鬼相恋的内容已如前述，此外还有很多其他的故事类型。在这些故事中，鬼其实也只是与人阴阳相隔的另一种生命形式，它们往往具有与人一样的感情与性格特征，还不突出具有后世鬼故事中鬼魂的那种特别超常的神异力量。嵇康、阮德如对鬼毫不畏惧，甚至开他们的玩笑：

嵇康灯下操琴，忽见一人长丈余，黑面，单衣带革。康熟视，乃吹火灭，曰："耻与魑魅争光。"（宋曾慥《类说》卷十一）

阮德如尝于厕见一鬼，长丈余，色黑而眼大，着白单衣，平上帻，去之咫尺。德如心安气定，徐笑而谓之曰："人言鬼可憎，果然！"鬼赧而退。（《太平广记》卷三百一十八，又见《太平御览》卷一百八十六、八百八十三）

人与鬼的冲突时有发生，有时人向鬼妥协，有时则是人取得最后的胜利。如：

有一伧小儿，放牛野中，伴辈数人。见一鬼，依诸丛草间，处处设网，欲以捕人。设网后未竟，伧小儿窃取前网，仍以罨之，即缚得鬼。（《太平御览》卷八百三十二）

元嘉初，散骑常侍刘隽，家在丹阳。后尝遇骤雨，见门前有三小儿，皆可六七岁，相率狡狯，而并不沾濡。俄见共争一匏壶子，隽引弹弹之，正中壶，霍然不见。隽得壶，因挂阁边。明日，有一妇人入门，执壶而泣。隽问之，对曰："此是吾儿物，不知何由在此？"隽具语所以。妇持壶埋儿墓前。间一日，又见向小儿持来门侧，举之，笑语隽曰："阿侬已复得壶矣！"言终而隐。（《太平广记》卷三百二十四，又见《太平御览》卷三百五十）

颍川陈庆孙家后有神树，多就求福，遂起庙，名天神庙。庆孙有乌牛，神于空中言："我是天神，乐卿此牛，若不与我，来月二十日当杀尔儿。"庆孙曰："人生有命，命不由汝。"至日，儿果死。复言："汝不与我，至五月杀汝妇。"又不与。至时妇果死。又来言："汝不与我，秋当杀汝。”又不与。至秋，遂不死。鬼乃来谢曰：“君为人心正，方受大福，愿莫道此事，天地闻之，我罪不细。实见小鬼，得作司命度事干，见君妇儿终期，为此欺君索食耳，愿深恕亮。君禄籍年八十三，家方如意，鬼神佑助，吾亦当奴仆相事。”遂闻稽颡声。（《太平广记》卷三百一十八）

河南阳起字圣卿，少时疾疟，于社中得书一卷，谴劾百鬼法。为日南太守，母至厕上，见鬼头长数尺，以告圣卿，圣卿曰：“此肃霜之神。”劾之来出，变形如奴，送书京[师]，朝发暮返，作使当千人之[力]也。有与忿恚者，圣卿遣神夜往，趣其床头，持两手，张目正赤，吐舌柱地，其人怖几死。（《太平广记》卷二百九十二，又见《太平御览》卷八百八十三，“师”“力”二字据之以补）

“鬼设网”中的伧小儿用鬼网捕鬼，可谓以其人之道还治其人之身。“刘隽”写几个小儿淋雨不湿，且能隐能现，显然是鬼。然其声口动作，一如活泼可爱的童子，宛然如生，颇富情趣。“陈庆孙”里的鬼，初时奸诈，遇到陈庆孙的刚正，又善改过。而阳起甚至以鬼为奴役，更令人大开眼界。

《幽明录》中的鬼，往往不是后世那种面目狰狞的恶鬼、厉鬼，他们虽然已死，但还眷恋着人世的亲人、朋友，如以下数则，我们看到的是主仆之间、夫妻之间、朋友之间、母子之间的深情，着实令人感动。

建德民虞敬上厕，辄有一人授草手内与之，不睹其形，如此非一过。后至厕，久无送者，但闻户外斗声，窥之，正见死奴与死婢争先进草，奴适在前，婢便因后挝之，由此辄两相击。食顷，敬欲出，婢奴阵势方未已，乃厉声叱之，奄如火灭，自是遂绝。（《太平御览》卷一百八十六）

谯郡胡馥之娶妇李氏，十余年无子，而妇卒，哭恸，云：“竟无遗体，遂丧，此酷何深！”妇忽起坐曰：“感君痛悼，我不即朽，君可瞑后见就，依平生时阴阳，当为君生一男。”语毕还卧。馥之如言，不取灯烛，暗而就之交接。后叹曰：“亡人亦无生理，可别作屋见置，瞻视满十月，然后殡。”尔来觉妇身微暖，如未亡，既及十月，果生一男，男名灵产。(《太平御览》卷三百六十，又见《太平广记》卷三百二十一)

马仲叔、王志都并辽东人也，相知至厚。叔先亡，后年，忽形见，谓曰："吾不幸早亡，心恒相念。念卿无妇，当为卿得妇，期至十一月二十日送诣卿家，但扫除设床席待之。"至日，都密扫除施设，天忽大风，白日昼昏。向暮风止，寝室中忽有红帐自施，发视其中，床上有一妇，花媚庄严，卧床上，才能气息。中表内外惊怖，无敢近者。唯都得往，须臾便苏，起坐，都问："卿是谁?"妇曰："我河南人，父为清河太守，临当见嫁，不知何由，忽然在此。"都具语其意。妇曰："天应令我为君妻。"遂成夫妇。往诣其家，大喜，亦以为天相与也。遂与之，生一男，后为南郡太守。(《太平广记》卷三百二十二)

近世有人，得一小给使，频求还家，未遂。后日久，此吏在南窗下眠，此人见门中有一妇人，年五六十，肥大，行步艰难，吏眠失覆，妇人至床边取被以覆之，回复出门去。吏转侧衣落，妇人复如初。此人心怪，明问吏以何事求归，吏云母病；次问状貌及年，皆如所见，唯云形瘦不同；又问母何患，答云病肿。而即与吏假使出，便得家信，云母丧。追计所见之肥，乃是其肿状也。(《太平广记》卷三百二十三)

又有“新死鬼”，幽默诙谐、妙趣横生，但实际上是对社会现实的深刻反映，尤其令人深思：

有新死鬼，形疲瘦顿，忽见生时友人，死及二十年，肥健，相问讯，曰："卿那尔?"曰："吾饥饿殆不自任，卿知诸方便，故当以法见教。"友鬼云："此甚易耳，但为人作怪，人必大怖，当与卿食。"新鬼往入大墟东头，有一家奉佛精进，屋西厢有磨，鬼就捱此磨，如人推法。此家主语子弟曰："佛怜吾家贫，令鬼推磨。"乃辇麦与之，至夕磨数斛，疲顿乃去。遂骂友鬼："卿那诳我?"又曰："但复去，自当得也。"复从墟西头入一家，家奉道，门傍有碓，此鬼便上碓，如人舂状。此人言："昨日鬼助某甲，今复来助吾，可辇谷与之。"又给婢簸筛，至夕力疲甚，不与鬼食。鬼暮归，大怒曰：“吾自与卿为婚姻，非他比，如何见欺？二日助人，不得一瓯饮食。”友鬼曰：“卿自不偶耳！此二家奉佛事道，情自难动，今去，可觅百姓家作怪，则无不得。”鬼复去，得一家，门首有竹竿，从门入，见有一群女子，窗前共食，至庭中，有一白狗，便抱令空中行，其家见之大惊，言自来未有此怪，占云：“有客鬼索食，可杀狗并甘果酒饭于庭中祀之，可得无他。”其家如师言，鬼果大得食。自此后恒作怪，友鬼之教也。（《太平广记》卷三百二十一）

《幽明录》当然是持有鬼论的，所以“阮瞻”中阮瞻的结局就不令人惊讶了：

阮瞻素秉无鬼论，世莫能难，每自谓理足可以辩正幽明。忽有一鬼，通姓名，作客诣阮。寒温毕，聊谈名理。客甚有才情，未（未，应为“末”）及鬼神事，返覆甚苦，遂屈。乃作色曰：“鬼神古今圣贤所共传，君何独言无？即仆便是鬼！”于是忽变为异形，须臾消灭。阮默然，意色大恶。后年余病死。（《太平御览》卷六百一十七，又见《太平广记》卷三百一十九）

《幽明录》中精怪故事很多，也很精彩。很多精怪并不害人，反而为人所害。如“东平吕球”：

东平吕球，丰财美貌，乘船至曲阿湖，值风不得行，泊菰际。见一少女，乘船采菱，举体皆衣荷叶。因问：“姑非鬼邪，衣服何至如此？”女则有惧色，答云：“子不闻荷衣兮蕙带，倏而来兮忽而逝乎？”然有惧容，回舟理棹，逡巡而去。球遥射之，即获一獭，向者之船，皆是苹蘩蕰藻之叶。见老母立岸侧，如有所候，望见船过，因问云：“君向来，不见湖中采菱女子邪？”球云：“近在后。”寻射，复获老獭。居湖次者咸云：湖中常有采菱女，容色过人，有时至人家，结好者甚众。（《艺文类聚》卷八十二）

荷衣蕙带，碧波采菱，这是多美的画面，精怪又如何呢？可惜的是吕球好事，大煞风景。蒲松龄《聊斋志异·荷花三娘子》就是以这一故事为题材的。又如：

晋海西公时，有一人母终，家贫，无以葬，因移柩深山，于其侧志孝结坟，昼夜不休。将暮，有一妇人抱儿来寄宿。转夜，孝子未作竟，妇人每求眠，而于火边睡，乃是一狸抱一乌鸡。孝子因打杀，掷后坑中。明日，有男子来问："细小昨行，遇夜寄宿，今为何在？"孝子云："止有一狸，即已杀之。"男子曰："君枉杀吾妇，何得言狸？狸今何在？"因共至坑视，狸已成妇人，死在坑中。男子因缚孝子付官，应偿死。孝子乃谓令曰："此实妖魅，但出猎犬，则可知魅。"令因问猎事："能别犬否？"答云："性畏犬，亦不别也。"因放犬，便化为老狸，则射杀，视之，妇人已还成狸。(《法苑珠林》卷四十二)

精怪也有"品行不端"、为非作歹的，如：

吴兴戴眇家僮客姓王，有少妇美色，而眇中弟恒往就之。客私怀忿怒，具以白眇："中郎作此，甚为无理，愿尊敕语。"眇以问弟，弟大骂曰："何缘有此，必是妖鬼。"敕令扑杀。客初犹不敢，后来闭户欲缚，便变成大狸，从窗中出。(《太平御览》卷九百一十二)

宋高祖永初中，张春为武昌太守，时人有嫁女，未及升车，忽便失性，出外殴击人乘，云己不乐嫁俗人。巫云是邪魅，乃将女江际，击鼓以术祝治疗。春以为欺惑百姓，刻期须得妖魅。后有一青蛇来到巫所，即以大钉钉头。至日中，复见大龟从江来，伏前，更以赤朱书背作符，更遣去入江。至暮，有大白鼍从江中出，乍沉乍浮，向龟随后催逼。鼍自分死，冒来先入幔与女辞诀，女恸哭云失其姻好。自此渐差。或问巫曰："魅者归于何物？"巫云："蛇是传通，龟是媒人，鼍是其对，所获三物，悉是魅。"春始知灵验。(《太平御览》卷九百三十二)

一些精怪故事还折射出当时的文化风尚。如"宋处宗"，是对清谈这一士林风尚的反映：

晋兖州刺史沛国宋处宗，尝买得一长鸣鸡，爱养甚至，恒笼着窗间。鸡遂作人语，与处宗谈论，极有玄致，终日不辍。处宗因此功业大进。(《艺文类聚》卷九十一，又见《太平御览》卷九百一十八)

《幽明录》中还包含一些富含哲理与启迪意义的内容。如“焦湖庙柏枕”：

宋世焦湖庙有一柏枕，或云玉枕，枕有小坼。时单父县人杨林为贾客，至庙祈求，庙巫谓曰：“君欲好婚否？”林曰：“幸甚。”巫即遣林近枕边，因入坼中，遂见朱楼琼室，有赵太尉在其中，即嫁女与林，生六子，皆为秘书郎。历数十年，并无思归之志。忽如梦觉，犹在枕傍，林怆然久之。(《太平广记》卷二百八十三，又见《北堂书钞》卷一百三十四、《太平寰宇记》卷一百二十六)

这则故事的寓意是说，人们对荣华富贵的追求，就像杨林的枕中一梦一样。这对沉浸其中的人具有警醒作用。这一故事影响极大，唐传奇沈既济《枕中记》、李公佐《南柯太守传》，元杂剧马致远《邯郸道省悟黄粱梦》，汤显祖“临川四梦”之《邯郸梦》，蒲松龄《聊斋志异·续黄粱》皆以此事为题材。又如“王周南”：

魏齐王芳时，中山有王周南者，为襄邑长。忽有鼠从穴出，语曰：“周南，尔以某日死。”周南不应。至期，更冠帻皂衣而出曰：“周南，尔以日中死。”亦不应。鼠复入穴。日适中，鼠又冠帻而出曰：“周南，汝不应，我何道？”言绝颠蹶而死，即失衣冠所在。就视之，与常鼠无异。(《太平广记》卷四百四十)

这一故事最早见于曹丕《列异传》，又见于《搜神记》、沈约《宋书》等，文字略有差别。收录此则故事的类书及相关典籍，在分类时一般都将其归为妖异、神异、妖怪等类，然若仅以妖怪视之，不能得其本旨。沈约《宋书》将其视为灾祥，并加以解释说：“案班固说，此黄祥也。是时曹爽秉政，竞为比周，故鼠作变也。”“黄祥”意为预示灾祥的黄色物象，然而其内容实在和曹爽专政搭不上边，这种解释殊为牵强，不可凭据。

实际上，与其说“周南”是一则子虚乌有的精怪故事，不如说它是一则富于隐喻性内涵的寓言，这一寓言揭示了谣言产生、传播与消亡的历史，重点在其消亡，具有警示意义。具体而言，故事里的鼠及鼠语象征谣言，谣言若想令人信服，需要重复多遍以强化其可信度，因此鼠数次向周南说相似之语，其目的亦在使其信以为真，然而周南对事物有敏锐的判断力，故未为所骗，故鼠“颠蹶而死”，其死则意味着谣言的不攻自破。谣言还需要经过包装以强化其可信度，鼠着衣冠，象征着谣言经过包装，而失其衣冠、“具如常鼠”，则象征着谣言的外衣已经被剥离，本质已现。

《幽明录》中有一些佛教题材的内容，宣扬佛教信仰的种种好处，如“罗刹”：

> 宋有一国，与罗刹相近，罗刹数入境，食人无度。王与罗刹约言：自今以后，国中家各专一日，当各送往，勿复枉杀。有奉佛家，唯有一子，始年十岁，次当充行，父母哀号，使至心念佛，爰及宗亲，助子属想。便送此儿，辞别舍之。以佛威神力大，鬼不得近。明日见子尚在，欢喜同归，于兹遂绝。国人嘉庆慕焉。(《法苑珠林》卷六十三，又见《太平广记》卷一百一十二)

因为信佛，“鬼不得近”，这则故事有明显的宣教色彩。《西游记》第四十七回《圣僧夜阻通天水 金木垂慈救小童》，写在车迟国陈家庄，灵感大王(金鱼精)每年要吃一个童男、一个童女，各家轮流。这一年轮到陈家陈关保、一秤金两个孩子，但被孙悟空等所救。应该是受到这一故事的影响。

“石长和”说人死之后“佛弟子独乐，得行大道中”，而“道两边棘刺皆如鹰爪，见人大小群走棘中，如被驱逐，身体破坏，地有凝血”。而“舒礼”“康阿得”“赵泰”等故事，则展现了佛教的地狱观念。如：

> 康阿得死三日，还苏，说：初死时，两人扶腋，有白马吏驱之，不知行几里，见北向黑门，南入，见东向黑门，西入，见南向黑门，北入，见有十余梁间瓦屋，有人皂服笼冠，边有二十余吏，皆言府君，西南复有四五十吏，阿得便前拜府君，府君问：“何所奉事？”得曰：“家起佛图塔寺，供养道人。”府君曰：“卿大福德。”问都录使者：“此人命尽耶？”见持一卷书伏地案之，其字甚细，曰：“余算三十五年。”府君大怒曰：“小吏何敢顿夺人命？”便缚白马吏着柱，处罚一百，血出流漫。问得：“欲归不？”得曰：“尔。”府君曰：“今当送卿归，欲便遣卿案行地狱。”即给马一匹，及一从人，东北出，不知几里，见一城，方数十里，有满城上屋，因见未事佛时亡伯、伯母、亡叔、叔母，皆着杻械，衣裳破坏，身体

脓血。复前行，见一城，其中有卧铁床上者，烧床正赤。凡见十狱，各有楚毒，狱名“赤沙”“黄沙”“白沙”，如此“七沙”，有刀山剑树，抱赤铜柱，于是便还。复见七八十梁间瓦屋，夹道种槐，云名“福舍”，诸佛弟子住中，福多者上生天，福少者住此舍。遥见大殿，二十余梁，有一男子二妇人从殿上来下，是得事佛后亡伯、伯母、亡叔、叔母。须臾有一道人来，问得：“识我不？”得曰：“不识。”曰：“汝何以不识我？我共汝作佛图主。”于是笑而忆之。还至府君所，即遣前二人送归，忽便苏活。（唐释法琳《辩正论》卷七）

赵泰字文和，清河贝丘人。公府辟不就，精思典籍，乡党称名。年三十五，晋大始五年七月三日夜半卒，心痛而死，心上故暖，身体屈申。停尸十日，气从咽喉如雷声，眼开，索饮食，便起。说初死时，有二人乘黄马，从兵二人，但言捉将去，二人扶两腋东行，不知几里，便见大城如锡铁正崔嵬，从西城门入，官府舍有二重黑门，数十梁瓦屋，男女当五六十住立[①]，吏着皂单衣，将五六人，注疏姓字，男女有别。言莫动，当入断。呈府君，泰名在第三十。须臾将入，府君西向坐，科出案名，复将南入黑门。一人绛衣[②]，坐大屋下，以次呼名前，问生时所行事，有何罪过，行何功德，作何善行。言者各各不同。主者言：“许汝等辞，恒遣六部督录使者，常在人间，疏记人所作善恶，以相检校。人死有三恶道，杀生祷祀最重。奉佛法，持五戒十善，慈心布施，死在福舍，安隐无为。”泰答：“一无所事，亦不犯恶。”科问都竟，使为水官监作吏，将千余人接沙着岸上，画夜勤苦[③]，啼泣悔言：“生时不作善，今堕此处。当归索代。”后转水馆都督[④]，总知诸狱事，给马兵，东到地狱案行。复到泥犁地里[⑤]，男女五六千人，有大树，横广五十余步，高千丈，四边皆有剑，上人着树上，然火其下，十十五五堕火剑上，

---

① 住立，《太平广记》作“主”。

② 绛衣，《太平广记》作“绛衣”。

③ 画夜，《太平广记》作“昼夜”，当是。此是因晝（昼）、畫（画）形近而致误。

④ 水馆都督，《太平广记》作“水官都督”。

⑤ 泥犁地里，《太平广记》作“泥犁地狱”。

贯其身体。云此人咒咀骂詈，夺人财物，殴伤良善。见泰父母及二弟在此狱中涕泣。见二人赍文书来，勅狱吏，言有三人家事佛，为其于寺中悬幡烧香，咒愿救解生时罪过，出就福舍。已见自然衣服，径诣一门，云名“开光大舍”，有三重黑门，皆白壁赤柱，此三人即入门。见大殿珍宝耀目，堂有二师子并伏顾负[1]，一金玉床，云名师子之座。见一人身可长丈六，姿颜金色，项有日光，坐此座上。沙门立侍甚众，四坐并真人菩萨，见泰山府君来作礼。泰问吏人，吏曰：“名佛，天上天下，度人之师。”便闻佛云言令欲慈度此恶道中及诸地狱中人[2]，皆令出听。时云有百万九千人，一时得出地狱，即空徙着百里城中。其在此中者，皆奉法弟子，当过福舍，七日随行，所作功德有少有无者。又见呼十人，当上生天，有车马侍从迎之，升虚空而去。出复见一城，云纵广二百余里，名为“吏受变形城”（“吏”字当衍）。云生时未闻道法，而地狱考治已毕者，当于此城更受变报。入此门，见当有数千万土屋，有坊巷，中央有大瓦屋，当广五十余步，屋下有五百余吏，对收人名作善恶者行状，受所变身形之路，各从其所趣而去。杀生者云当作蜉蝣虫，朝生夕死，若出为人，常当短命；偷盗者作猪羊身，屠肉偿人；淫逸者作鹄鹜蛇身；两舌者作鸮鸺鸱鸠，恶声，人闻皆咒令死；抵债者为驴骡马牛鱼鳖之属。大屋下有地，户北向，一户南向。呼从北户入，出南户者皆变身形作鸟兽。又见一城，纵广百里，其中瓦屋，安居快乐。云生时不作恶，行不见天道，亦不受罪，名为鬼城，手岁得出为人[3]。又见一城，广五千余步，名为地狱，中罚谪者不堪苦痛，还归索一代，家为解谪，皆在此城中。男女五六十万，皆裸形无服，饥困相扶，见泰叩头啼哭。泰问吏：“天道、地狱道门相去几里？”曰：“天道、地狱道门相对。”案行匝还，主者问：“地狱如法不？卿无罪，故相使为水官都督，不尔，与地狱中人无异。”泰问：“人死何者为乐？”主者言：“唯佛弟子精进不犯禁戒为乐耳。”又：“未奉佛时罪过山积，今奉法，其过得除不？”曰：“皆除。”主者召都录使者，问：“赵文和何故死？”来

① 伏顾负，《太平广记》作“伏象”。
② 令，《太平广记》作“今”。
③ 手岁，《太平广记》作“千岁”，当是。

使开縢，视年纪之籍，有余算三十年，横为恶鬼所取。今遣还家。由是大小发意奉佛，为祖父母及二第（二第，当作“二弟”）悬幡盖，作福会也。（《辩正论》卷七，又见《太平广记》卷一百九）[①]

在题材上，这些小说属入冥小说。李剑国说：“它们在小说中首次具体细致地描写了入冥和地狱，给小说开辟了一个新的题材，创造了一种独特的入冥母题和叙事模式；而它作为一种独特的幻想形式和幻想素材，完全可以用来表现像唐太宗入冥、孙悟空闹地府及《聊斋志异·席方平》那样有意义的故事。”（《唐前志怪小说史·南朝志怪小说》）

佛教“三世”（前世、今世、来世）的时间观在《幽明录》中也多有运用，如“安息王子”条：

安侯世高者，安息国王子，与大长者共出家，学道舍卫城。值王不称，大长者子辄恚，世高恒呵戒之。周旋二十八年，云当至广州，值乱，有一人逢高，唾手拔刀曰：“真得汝矣！”高大笑曰：“我夙命负对，故远来相偿。”遂杀之。有一少年云：“此远国异人而能作吾国言，受害无难色，将是神人乎？”众皆骇笑。世高神识还生安息国，复为王作子，名高安侯。年二十，复辞王学道，十数年，语同学云：“当诣会稽毕对。”过庐山，访知识，遂过广州，见年少尚在，径投其家，与说昔事，大欣喜，便随至会稽。过嵇山庙，呼神共语，庙神蟒形，身长数丈，泪出，世高向之语，蟒便去，世高亦还船。有一少年上船，长跪前受咒愿，因遂不见。广州客曰：“向少年即庙神，得离恶形矣。”云庙神即是宿长者子。后庙祝闻有臭气，见大蟒死，庙从此神歇。前至会稽，入市门，值有相打者，误中世高头，即卒。广州客遂瘗之于佛舍。（《太平广记》卷二百九十五）

① 此事又载于《法苑珠林》卷十二、《太平广记》卷三百七十七，皆注云出《冥祥记》。

3.《宣验记》的内容与内涵

南北朝时期，佛学兴盛、佛徒众多，佛寺大兴，造像无数，佛教十分繁荣。这对当时的社会和文化产生了极大的影响。杜牧《江南春》云："南朝四百八十寺，多少楼台烟雨中。"北魏杨衒之《洛阳伽蓝记》则专记北魏洛阳佛寺之盛。汤用彤说："南朝佛法之隆盛，约有三时。一在元嘉之世。"（《汉魏两晋南北朝佛教史》第十三章《佛教之南统》）这正是刘义庆生活的时代，而他也是一个虔诚的佛教徒。《法苑珠林》卷二十一云："宋卫军临川康王在荆州城内筑堂三间，供养经像，堂壁上多画菩萨图相。"《辩正论》卷三先列刘义庆等刘宋诸王，然后论曰："右宋世诸王，并怀文藻，大习佛经。每月六斋，自持八戒。笃习文雅，义庆最优。炙輠不穷，霞明日朗，悬河无竭，雨散烟飞。阁内夫娘，并令修戒；麾下将士，咸使诵经。著《宣验记》，赞述三宝。"胡应麟《少室山房笔丛·九流绪论下》云："魏晋好长生，故多灵变之说；齐梁弘释教，故多因果之谈。""释氏辅教之书"即属"因果之谈"，它是佛教徒自神其教的产物，以弘扬佛教义旨、佛法灵异为宗旨，鲁迅说它"大抵记经像之显效，明应验之实有，以震耸世俗，使生敬信之心，顾后世则或视为小说"（《中国小说史略·六朝之鬼神志怪书（下）》）。主要作品有刘义庆《宣验记》、南朝齐王琰《冥祥记》、北齐颜之推《冤魂志》等。这些小说的作者认为"形体虽死，精神犹存"，"三世之事，信而有征"（《颜氏家训·归心》），佛法神奇而广大无边，故不厌其烦地宣讲此类故事，不惜千篇一律。

前文已述，《宣验记》应是成于众手的，但此书的编撰与《世说新语》等书在参编者上可能有所差别，刘义庆身边笃信佛教的文人，乃至其所交往的佛徒，应该是主要的编写者。《宣验记》的成书时间，李剑国由"安荀"条记元嘉十六年（439）事而判断其应为刘义庆晚年所撰（《唐前志怪小说史·南朝志怪小说》），应该是可信的，也与《宋书》本传对他"晚节奉养沙门"的描述一致。《宣验记》原书已佚，鲁迅《古小说钩沉》有辑本，共辑录三十五则。

《宣验记》宣传因果报应，其内容以信奉佛法得福、不奉佛法受惩的故事为主。如"安荀"写安荀"身婴重疾"、医药无补，在僧人建议下皈依三宝，供奉观音、潜心向佛，七日而愈。“俞文载”写俞文载盐于南海，值风，默念观音，风停浪静，于是获安。又如“沈甲”：

吴郡人沈甲，被系处死。临刑市中，日诵观音名号，心口不息。刀刃自断，因而被放。一云，吴人陆晖系狱，分死，乃令家人造观音像，冀得免死。临刑，三刀，其刀皆折。官问之故，答云：“恐是观音慈力。”及看像，项上乃有三刀痕现，因奏获免。（《太平广记》卷一百一十一）

又有因作恶杀生而遭报应之事。如“吴唐”“沛国周氏”：

吴唐，庐陵人也。少好驱媒猎射，发无不中，家以致富。后春月，将儿出射，正值麋鹿将麑。鹿母觉有人气，呼麑渐出。麑不知所猥（猥，应为“畏”），径前就媒，唐射麑，即死。鹿母惊还悲鸣。唐乃自藏于草中，出麑致净地，鹿母直来地，俯仰顿伏，绝而复起，唐又射，鹿母应弦而倒。至前场，复逢一鹿，上弩将放，忽发箭反激，还中其子，唐掷弩抱儿，抚膺而哭。闻空中呼曰：“吴唐，鹿之爱子，与汝何异！”唐惊听，不知所在。（《太平御览》卷九百六，又见《事类赋》卷二十三）

沛国周氏有三子，瘖并不能言。有人来乞饮，闻其儿声，问之，具以实对。客曰：“君可还内思过。”既异其言，知非常人。良久云：“都不忆有罪过。”客曰：“试更思幼时事。”入内，食顷，出曰：“记小儿时，当床有燕巢，中有三子，母还哺之，辄出取食。屋下举手得及，指内巢中，燕子亦出口承受，乃取三蒺藜，各与之，吞即死。母还，不见子，悲鸣而去。恒自悔责。”客变为道人之容，曰：“君既自知悔，罪今除矣。”便闻其儿言语周正，即不见道人。（《太平御览》卷九百二十二，又见《事类赋》卷十九）

又有因辱佛而遭惩处者，如“丁零”写丁零毁佛像，佛像显灵，丁零后来被诛。又如“吴主孙皓”：

吴主孙皓，性甚暴虐，作事不近人情。与婇女看治园地，土下忽得一躯金像，形相明严。皓令置像厕傍，使持屏筹。到四月八日，皓乃溺像头上，笑而言曰："今是八日，为尔灌顶。"对诸婇女，以为戏乐。在后经时，阴囊忽肿。疼痛壮热，不可堪任。自夜达晨，苦痛求死。名医上药，治而转增。太史占曰："犯大神所为。"勅令祈祷灵庙，一祷一剧。上下无计。中宫有一婇女，先奉佛法，内有所知，凡所记事，往往甚中。奏云："陛下求佛图未？"皓问："佛大神耶？"女曰："天上天下，尊莫过佛。陛下前所得像，犹在厕傍，请收供养，肿必立差。"皓以痛急，即具香汤。手自洗像，置之殿上，叩头谢过，一心求哀。当夜痛止，肿即随消。即于康僧会请受五戒，起大佛寺，供养众僧也。(《辩正论》卷七)

《宣验记》的一些内容涉及佛道之争，当然都是以佛教的胜利为结局。如"史隽"：

史隽有学识，奉道而慢佛。常语人云："佛是小神，不足事也。"每见尊像，恒轻诮之。后因病脚挛，种种祈福，都无效验。其友人赵文谓曰："经道福中第一。可试造观音像。"隽以病急，如言铸像。像成，梦观音，果得差。(《太平广记》卷一百一十一)

总体看来，《宣验记》为宣教之作，具有直接的目的性，艺术上的成就因此而大大削弱，造作的痕迹比较明显。甚至为了宣传信佛的功用，而违反了一般的道德准则和逻辑。如"沈甲""高荀"等条，身犯死罪的人仅因诵观音名号便免罪释放，似乎佛教成了作恶者的护身符，这是宣传过度，不符合作者的初衷。当然，《宣验记》中也有宗教色彩不是特别浓厚的内容，如"鹦鹉"：

有鹦鹉飞集他山，山中禽辄相爱重。鹦鹉自念，虽乐，不可久也，便去。后数月，山中大火。鹦鹉遥见，便入水沾羽，飞而洒之。天神言："汝虽有志意，何足云也！"对曰："虽知不能救，然尝侨居是山，禽兽行善，皆为兄弟，不忍见耳。"天神嘉感，即为灭火。(《艺文类聚》卷九十一，又见《初学记》卷三十、《太平御览》卷九百二十四等)

这一故事又见于南朝宋刘敬叔《异苑》卷三，源出于古印度佛经故事《旧杂譬喻经》二十三，最早由三国吴康僧会译成汉语。

参考文献

一、基础文献

1. [唐]房玄龄等:《晋书》,中华书局,1974年版。
2. [梁]沈约:《宋书》,中华书局,1974年版。
3. [唐]李延寿:《南史》,中华书局,1975年版。
4. [北齐]魏收:《魏书》,中华书局,1974年版。
5. [宋]司马光:《资治通鉴》,中华书局,1956年版。
6. [唐]魏征等:《隋书·经籍志》,中华书局,1973年版。
7. [后晋]刘昫等:《旧唐书·经籍志》,中华书局,1975年版。
8. [宋]欧阳修、宋祁:《新唐书·艺文志》,中华书局,1975年版。
9. [梁]萧统编,[唐]李善注:《文选》,中华书局,1974年版。
10. [梁]释慧皎:《高僧传》,中华书局,1992年版。
11. [宋]郭茂倩:《乐府诗集》,中华书局,1979年版。
12. [唐]虞世南:《北堂书钞》,学苑出版社,1998年版。
13. [唐]徐坚:《初学记》,清光绪孔氏三十三万卷堂本。
14. [唐]欧阳询:《艺文类聚》,上海古籍出版社,2013年版。
15. [唐]白居易:《白氏六帖事类集》,民国景宋本。
16. [唐]释道世:《法苑珠林》,《四部丛刊》景明万历本。
17. [唐]释法琳:《辩正论》,大正新修大藏经本。
18. [宋]李昉等:《太平御览》,中华书局,1960年版。
19. [宋]李昉等:《太平广记》,民国景明嘉靖谈恺刻本。

20. 余嘉锡:《世说新语笺疏》,上海古籍出版社,1993年版。

21. 鲁迅辑校:《幽明录》,见《古小说钩沉》,齐鲁书社,1997年版。

22. 郑晚晴辑注:《幽明录》,文化艺术出版社,1988年版。

23. 鲁迅辑校:《宣验记》,见《古小说钩沉》,齐鲁书社,1997年版。

二、研究论著

24. 鲁迅:《中国小说史略》,上海古籍出版社,1998年版。

25. 鲁迅:《魏晋风度及文章与药及酒之关系》,《鲁迅全集》第三卷,人民文学出版社,2005年版。

26. 王瑶:《中古文人生活》,棠棣出版社,1951年版。

27. 万绳楠整理:《陈寅恪魏晋南北朝史讲演录》,黄山书社,1987年版。

28. 陈寅恪:《魏书司马叡传江东民族条释证及推论》,见《金明馆丛稿初编》,三联书店,2009年版。

29. 陈寅恪:《述东晋王导之功业》,见《金明馆丛稿初编》,三联书店,2009年版。

30. 孙楷第:《刘裕与士大夫》,见《沧州后集》卷四,中华书局,1985年版。

31. 冯友兰:《论风流》,见《三松堂学术文集》,北京大学出版社,1984年版。

32. 宗白华:《论〈世说新语〉和晋人的美》,见《美学散步》,上海人民出版社,1981年版。

33. 汤用彤:《汉魏两晋南北朝佛教史》,商务印书馆,2015年版。

34. 周一良:《〈世说新语〉和作者刘义庆身世的考察》,见《魏晋南北朝史论集》,北京大学出版社,2010年版。

35. 曹道衡、沈玉成:《中古文学史料丛考》,中华书局,2003年版。

36. 田余庆:《东晋门阀政治》,北京大学出版社,2012年版。

37. 祝总斌:《刘裕门第考》,《北京大学学报(哲学社会科学版)》1982年第2期。

38. 范子烨:《中古文人生活研究》,山东教育出版社,2001年版。

39. 范子烨:《魏晋风度的传神写照——〈世说新语〉研究》,世界图书出版西安有限公司,2014年版。

40. 李剑国:《唐前志怪小说史》(修订本),天津教育出版社,2005年版。

41. 张岂之主编,王子今、方光华本卷主编:《中国历史·秦汉魏晋南北朝卷》,高等教育出版社,2001年版。

附录一
刘义庆的文学（文化）史地位及其著述宗旨再探讨

一、引言

与很多文人身后的无上荣光相比，刘义庆身上的光环是不够明亮的。虽然我们都知道《世说新语》《幽明录》等杰出的著作皆出自其手，但对他似乎仍缺乏应有的重视。究其原因，无外乎以下几点：一、《宋书》本传说他文词不多，似乎才华不足；二、一般认为，《世说新语》等书是由他组织幕府文士编成的，成于众手，且为“纂集旧文，非由自造”（鲁迅：《中国小说史略·六朝之鬼神志怪书（上）》）；三、刘义庆的个人著述皆已湮灭无闻，也没有影响较大的篇章；四、作为政治人物的刘义庆，由于所处时代的高压政治环境，在政治上并无太大的建树；五、关于刘义庆的史料留存过少，除《宋书》《南史》的本传外，仅有一些零散的材料，无法进行较为深入的研究。

然而，《宋书》的著者是沈约，著名的文学家，他说刘义庆文词不多，更多地是出于自己的眼光，实际上刘义庆的才华还是相当出众的，《宋书》本传也说他在文义上“足为宗室之表”，即便是在文化建设上颇有建树的宋文帝刘义隆，给刘义庆写信时也“常加意斟酌”。退一步说，即便刘义庆个人的才华不甚突出，不像萧统、刘安那样本身就才华横溢，政治上也没有太多施展的机会，但他有见识、有眼光，更多的是一个组织者和领导者，加上其独特的身份和地位，使得他能够做成很多事，他编撰《世说新语》《幽明录》《集林》等著作，与吕不韦编《吕氏春秋》，刘安编《淮南子》，萧统编《文选》一样，都是成于众手，又具有时代意义的重要著作。

刘义庆的文学史、文化史地位，主要是由其丰富的著述尤其是他主持编撰的众多著作决定的。根据《宋书》本传、《隋书·经籍志》、《旧唐书·经籍志》、《新唐书·艺文志》的著录，刘义庆著有《后汉书》五十八卷、《徐州先贤传》十卷、《江左名士传》一卷、《宣验记》十三卷、《幽明录》二十卷、《世说》八卷、《小说》十卷、《典叙》、《宋临川王义庆集》八卷、《集林》一百八十一卷（梁二百卷），共计十种。从中我们可以很明显看出他的著述旨趣，即特别重视编修史书。《后汉书》自是正史类典籍，《徐州先贤传》《江左名士传》为杂传，《幽明录》《宣验记》今天被视为志怪小说，但当时以为实有，《隋志》亦入杂传类，《世说》《小说》皆在子部小说家，《小说》已不可考，应即殷芸《小说》一类，而《世说》则为后世公认的具有重要史学价值的著作。这当然也与当时的学术风气有关。梁启超云："两晋六朝，百学芜秽，而治史者独盛，在晋尤著。"（《中国历史研究法》）其"百学芜秽"之说固有偏颇，但对魏晋六朝史学发展的判断是很准确的。这一时期，史学不但已由过去经学之附庸一跃而成为一门独立的学科，甚至其繁荣程度已经超过了所有其他学科。史家竞相记述近世和当代史事，蔚为风气。各类史学著述有如千帆竞发，呈现出形式多种多样、内容丰富繁杂的景象。刘义庆的著述情况就很好地体现了这一点。

刘义庆著作的规模、数量都非常可观，除《宋临川王义庆集》《典叙》等外，作为文人集团的领袖，其著作如《世说》《幽明录》《宣验记》《集林》等很可能多是成于众手，即在其幕府文士的辅助下完成的。这一观点最早由鲁迅提出（《中国小说史略·<世说新语>及其前后》），现已基本为学术界所接受。

而鲁迅的另一判断，即《世说》《幽明录》《宣验记》等书乃"纂集旧文，非由自造"，首先，我们可以断定这几部著作中确实皆有见于他书的旧文，但依现有文献判断，诸书中更多的内容还是首见于这几部典籍的，如《幽明录》，采自旧书者不足四分之一，所以鲁迅的观点不能作为完全的结论。

刘义庆的这些著作，存世者惟《世说》《宣验记》《幽明录》，且后二者皆为辑本，其余均已亡佚，仅余少量佚文。我们重点说一下这三部著作。

二、《世说新语》：魏晋文化的百科全书

《世说新语》是刘义庆组织编撰的最重要的著作，关于它的价值，著名翻译家和艺术评论家傅雷曾致书其子傅聪说："你现在手头没有散文的书，《世说新语》大可一读。日本人几百年来都把它当作枕中秘宝。我常常缅怀两晋六朝的文采风流，认为是中国文化的一个高峰。"（《傅雷家书》）而窥见魏晋六朝文采风流最重要的载体就是《世说新语》。该书以"玄远冷峻""高简瑰奇"（《中国小说史略·〈世说新语〉及其前后》）的风格记述了魏晋士人的精神面貌、日常生活和遗闻轶事，如清谈、饮酒、服药、人物品藻、任诞放达等，是魏晋名士与魏晋风度的传神写照，被鲁迅誉为"名士底教科书"（《中国小说的历史的变迁》），具有十分重要的史学价值并达到了极高的文学艺术成就。实际上，《世说新语》更是一部百科全书式的著作，充分反映了魏晋时期的历史、宗教、思想文化、文人生活、学术发展以及文学艺术发展的状况，影响深远，可谓魏晋文化的缩影。

魏晋风度是魏晋士人理想人格的一种体现。它是在魏晋玄学思潮的影响下，士人精神世界的外在表现，它突破了儒家传统的礼教规范，追求一种更加符合自己本性的生活，用嵇康的话说就是"越名教而任自然"。冯友兰在《论风流》一文中曾以"玄心、洞见、妙赏、深情"来概括魏晋风度的特点。大体而言，"玄心""洞见"主要与清谈论辩的风气有关，宗白华说："被后世诟病的魏晋人的清谈，本是产生于探求玄理的动机，王导称之为'共谈析理'。嵇康《琴赋》里说：'非至精者不能与之析理。''析理'须有逻辑的头脑，理智的良心和探求真理的热忱。青年夭折的大思想家王弼就是这样一个人物。"（《论〈世说新语〉与晋人的美·清谈与析理》）玄学与清谈的魅力在于人文与智慧的结合，是魏晋风流的重要表现，对于现代人的精神生活也有着重要的参考价值。"妙赏""深情"则是在"玄心"和"洞见"的基础上对现实人生和大自然的审美观照。冯友兰说："所谓妙赏，就是对于美的深切底感觉。"（《论风流》）魏晋之后，受玄学的影响，山水之美被广泛地发现，同时又反作用于人的心灵。同时，魏晋士人还重视人的容

貌、气度之美，如时人目王右军“飘若浮云，矫若惊龙”（《容止》30）。山涛评价嵇康：“嵇叔夜之为人也，岩岩若孤松之独立；其醉也，傀俄若玉山之将崩。”（《容止》5）魏晋士人往往追求一种超凡脱俗的神韵和卓尔不群的风姿，这是对独立人格与理想人生境界的追求。而雅量，即宽宏的气度，是一种可贵的文化品格，一种超越了世俗生死、荣辱与功利的美学风貌，是魏晋时期人物品藻的一个重要尺度。晋人之美，美在神韵，雅量是晋人神韵之美的集中体现。凡此种种，我们都要通过《世说新语》才可窥见。

《世说新语》在艺术上有很高的成就。它生动、形象地刻画了众多上流社会的人物，如阮籍、嵇康、王导、谢安、王羲之等，可谓异彩纷呈。明人胡应麟赞之曰：“读其语言，晋人面目气韵，恍惚生动，而简约玄澹，真致不穷，古今绝唱也。”（《少室山房笔丛·九流绪论下》）《世说新语》语言优美、简约含蓄、隽永传神，通俗的方言、口语与典雅的书面语汇珠联璧合，往往令人回味无穷。宋沈作喆《寓简》卷八云：“黄鲁直（黄庭坚）离《庄子》《世说》一步不得。”

宗白华认为《世说新语》一书开启了“世说新语时代”（《论〈世说新语〉和晋人的美》），确实，《世说新语》在形式与内容上均集魏晋志人小说之大成，人们称之为“世说体”，后世仿作不绝，形成了一个“世说系列”，如唐代王方庆《续世说新书》（已佚）、刘肃《大唐新语》，宋代王谠《唐语林》、孔平仲《续世说》，明代何良骏《何氏语林》、焦竑《明世说》、李绍文《明世说新语》，清代李清《女世说》、王晫《今世说》，民国易宗夔《新世说》等。

《世说新语》还是后世小说、戏剧题材，诗、文、词典故的渊薮。《三国演义》的某些情节如杨修解“黄绢幼妇”之辞、望梅止渴、七步诗等，即取自此书。而元代关汉卿的《玉镜台》、秦简夫的《剪发待宾》、明代杨慎的《兰亭会》等戏曲作品，都是根据《世说新语》中的故事改编的，分别取材于《假谲》9“温公丧妇”条、《贤媛》19“陶公少有大志”条和《企羡》3“王右军得人以《兰亭集序》方《金谷诗序》”条。另外，有许多广泛应用的成语如难兄难弟、洛阳纸贵、老生常谈、拾人牙慧、咄咄怪事、一往情深、东床快婿等也都出自《世说新语》。而后世诗文词（如李白、杜甫、苏轼、黄庭坚、辛弃疾等人的作品）中用《世说新语》典故的例子比比皆是。

《世说新语》还被译为多国文字，其影响是世界性的。

在《世说新语》之前，性质相类的著作还有裴启的《语林》、郭澄之的《郭子》等，都没有流传下来。其亡佚原因之一，当是受到《世说新语》的冲击，为其所取代。而《世说新语》的传世，除了上述其自身的文史价值与成就、影响外，重要的原因之一是刘义庆的尊崇身份，使得此书在某种程度上取得了相当于官方文献的地位，扩大了它的影响，为它的流传增加了一重保障。

三、《幽明录》：南朝志怪小说的代表作品

《幽明录》是南北朝时期最为杰出的志怪小说，足以和《搜神记》相媲美。其书名来自《周易·系辞上》"是故知幽明之故"，韩康伯注曰："幽明者，有形无形之象。"有形者为"明"，即人间世界；无形者为"幽"，即鬼神世界，"幽明"即是人神鬼道并举之意。顾名思义，《幽明录》一书采录的大量志怪故事，多写阴阳神鬼与人的交集。

《幽明录》至晚亡于南宋洪迈之前。今所见皆辑佚本，比较完备的是鲁迅校录的《古小说钩沉》本，辑得二百六十五则。又有郑晚晴辑注本，以鲁迅《古小说钩沉》本为底本，辑录二百八十五则，分为六卷，另有附录，并加注释。就现有内容而言，《幽明录》中的部分内容，系"纂集旧文"如《列异传》《博物志》《搜神记》《搜神后记》等而来，但所占比例并不大，不足四分之一，绝大部分是首出，所记大多为晋宋时事，因而全书有较强的时代感。如"卖胡粉女子"等数则故事中出现了商人的形象，反映了他们的生活，"胡脚"则反映了东晋时期胡汉杂居的情况以及汉人对胡人的认识，更有很多故事反映了当时社会现实的黑暗、混乱与人民的苦难生活。李剑国说："《幽明录》绝大多数是关于现实生活中士民道俗的奇闻异事，因而全书呈现出这样一种状态：其人其事尽在耳目间，实实在在，而又渺渺茫茫，实中见幻，平中见奇，给人一种虚幻性的现实感。他实际是和《世说》分别从虚实两方面反映晋宋社会，二者相得益彰。"(《唐前志怪小说史·南朝志怪小说》)

《幽明录》的内容丰富多彩，有爱情题材（人仙之恋、人鬼之恋、人与精

怪之恋),有精怪故事,鬼故事,还魂(复生)、离魂故事等。它在内容上的特点是,虽仍以记鬼神灵异故事为主,但出现了新思想、新意境、新题材;特别是宣扬佛教的故事增多,体现了作者佛教徒的身份和佛教对小说的影响。

《幽明录》中一些精怪故事折射出当时的文化风尚与社会思潮,如“宋处宗”是对清谈这一士林风尚的反映,“阮瞻”则反映了当时社会上有鬼论与无鬼论两种观点的交锋。还有一些富含哲理与启迪意义的内容,如“焦湖庙柏枕”的寓意是说,人们对荣华富贵的追求,就像杨林的枕中一梦一样,对沉浸其中的人具有警醒作用。又如“王周南”是一则富于隐喻性内涵的寓言,揭示了谣言产生、传播与消亡的历史,重点在其消亡,具有警示意义。

《幽明录》中出现了一些新题材,如“庞阿”为首次出现的离魂故事,写石氏女对庞阿一见倾心,竟离魂诣阿,情节十分离奇,更可见爱情的伟大力量。更为突出的是有一些佛教题材的内容,宣扬佛教信仰的种种好处,如“罗刹”写因为信佛,“鬼不得近”,有明显的宣教色彩。而“舒礼”“康阿得”“赵泰”等故事,则展现了佛教的地狱观念。在题材上,这些小说属入冥小说。李剑国说:“它们在小说中首次具体细致地描写了入冥和地狱,给小说开辟了一个新的题材,创造了一种独特的入冥母题和叙事模式;而它作为一种独特的幻想形式和幻想素材,完全可以用来表现像唐太宗入冥、孙悟空闹地府及《聊斋志异·席方平》那样有意义的故事。”(《唐前志怪小说史·南朝志怪小说》)

《幽明录》中的鬼,往往不是后世那种面目狰狞的恶鬼、厉鬼,他们虽然已死,但还富有人情。如“刘隽”写几个小儿淋雨不湿,且能隐能现,显然是鬼。然其声口动作,一如活泼可爱的童子,宛然如生,颇富情趣。“陈庆孙”里的鬼,初时奸诈,冒充天神,遇到陈庆孙的刚正,则又善改过。他们也还眷恋着人世的亲人、朋友,从“虞敬”“胡馥之”“马仲叔”“近世有人,得一小给使”等故事中,我们看到的是主仆之间、夫妻之间、朋友之间、母子之间的深情,着实令人感动。

《幽明录》文笔雅洁优美、流畅自然,写景叙事颇多诗意化的笔触,亦常穿插诗歌以渲染气氛,增强作品的表现力。如“吕球”写水獭化成的少女，荷衣蕙带，碧波采菱，并引诗句“荷衣兮蕙带，倏而来兮忽而逝”，极具诗情画意。又如“衡山三峰”中的自然之美，清冷幽远，宛如仙境，可与陶弘景《答谢中书书》、吴均《与朱元思书》比美：

> 衡山三峰最为耸桀。自非清霁素朝，不可望见。峰下有泉飞流，如舒一匹绢，分映青林，直注山下。虽纤罗不动，其上翛翛，恒凄清风也。(《太平御览》卷七十一)

《幽明录》中的很多故事情节丰富曲折，富于想象力，引人入胜。如“刘晨阮肇”为人仙之恋故事，写刘晨、阮肇共入天台山，因迷路而遇二仙子并结为夫妇，描写生动细腻，叙事奇幻浪漫，富于情韵。又有“新死鬼”写新死鬼向旧鬼学习索食于人，幽默诙谐、妙趣横生，但实际上是对社会现实的深刻反映，令人深思。

《幽明录》在叙事艺术上较之前的志怪小说有了很大进步，其中许多作品的篇幅明显增长，有的已多达一千多字，叙事更加繁复，在一定程度上超越了粗陈梗概的格局，文学意味更加浓厚。因此有人认为《幽明录》已开有意为小说之先河(王恒展《已始“有意为小说”——〈幽明录〉散论》，《蒲松龄研究》2002年第4期)。这一判断是否完全成立有待讨论，但《幽明录》的写作在文人化、文学化方面确实比之前的同类作品有了明显的进步。

《幽明录》对唐传奇与后世小说如《聊斋志异》以及诗、文、戏曲创作都产生了很大的影响。如“刘晨阮肇”的故事，唐传奇张鹭《游仙窟》、元杂剧王子一《刘晨阮肇误入桃花源》、蒲松龄《聊斋志异·翩翩》等作品皆取材于它。李商隐《无题》(来是空言去绝踪)之“刘郎已恨蓬山远，更隔蓬山一万重”二句，便是用此典故。“卖胡粉女子”，宋元明以来多种戏文、杂剧、传奇如南宋皇都风月主人《绿窗新话·郭金华买脂慕粉郎》，明童养中传奇《胭脂记》，蒲松龄《聊斋志异·阿绣》等，均以之为蓝本。而“庞阿”，唐传奇陈玄祐《离魂记》、元杂剧郑光祖《迷青琐倩女离魂》、明瞿佑《剪灯新话·金凤钗记》、凌濛初《初刻拍案惊奇·大姊游魂完宿愿》、蒲松龄《聊斋志异·阿宝》皆取材于它。“焦湖庙柏枕”的故事影响极大，唐传奇沈既济《枕中记》、李公佐《南柯太守传》，元杂剧马致远《邯郸道省悟黄粱梦》，汤显祖“临川四梦”之《邯郸梦》，蒲松龄《聊斋志异·续黄粱》皆以此为题材。

蒲松龄《聊斋自志》称自己“才非干宝，雅爱搜神；情类黄州，喜人谈鬼”，而其《聊斋志异》系“集腋为裘，妄续《幽冥》之录；浮白载笔，仅成孤愤之书”，可见其对《幽明录》之推重。所以李剑国说：“在六朝志怪作者名单上，刘义庆的名字应当同干宝并列在一起。他作有两部志怪，其中《幽明录》内容之丰富多彩、文笔之雅洁优美，足以和《搜神记》相媲美。”（《唐前志怪小说史·南朝志怪小说》）

四、《宣验记》：佛教的兴盛与释氏辅教之书的流行

南北朝时期，佛学兴盛、佛徒众多，佛寺大兴，造像无数，佛教十分繁荣。这对当时的社会和文化产生了极大的影响，释氏辅教之书应时而生。“释氏辅教之书”是佛教徒自神其教的产物，以弘扬佛教义旨、佛法灵异为宗旨，鲁迅说它“大抵记经像之显效，明应验之实有，以震耸世俗，使生敬信之心，顾后世则或视为小说”（《中国小说史略·六朝之鬼神志怪书（下）》）。主要作品有刘义庆《宣验记》、南朝齐王琰《冥祥记》、北齐颜之推《冤魂志》等。

刘义庆是一个虔诚的佛教徒。唐释道世《法苑珠林》卷二十一云：“宋卫军临川康王在荆州城内筑堂三间，供养经像，堂壁上多画菩萨图相。”唐释法琳《辩正论》卷三先列刘义庆等刘宋诸王，然后论曰：“右宋世诸王，并怀文藻，大习佛经。每月六斋，自持八戒。笃习文雅，义庆最优。炙輠不穷，霞明日朗，悬河无竭，雨散烟飞。阁内夫娘，并令修戒；麾下将士，咸使诵经。著《宣验记》，赞述三宝。”佛教至少存在思想（学术）与信仰两个层面的内涵，如果说《世说新语》中的名僧是作为名士被书写与记录的，其中关涉佛学与玄学的交融统一，那么《宣验记》则是纯然在宗教层面进行的宣传，即所谓释氏辅教之书，它同时也是佛教兴盛、佛教文化繁荣的反映。

《宣验记》的编撰应是成于众手的，刘义庆身边笃信佛教的文人，乃至其所交往的佛徒，应该是主要的编写者。成书时间当在刘义庆晚年“晚节奉养沙门”之时。《宣验记》原书已佚，鲁迅《古小说钩沉》有辑本，共辑录三十五则。

《宣验记》宣传因果报应,其内容以信奉佛法得福、不奉佛法受惩、作恶杀生遭报应的故事为主。如“安荀”写安荀身婴重疾、医药无补,在僧人建议下皈依三宝,供奉观音、潜心向佛,七日而愈。“沈甲”写沈甲因死罪临刑市中,日诵观音名号,心口不息。刀刃自断,因而被放。“丁零”写丁零毁佛像,佛像显灵,丁零后来被诛。“吴唐”写吴唐残忍射杀麋鹿母子而遭到报应误射己子。“沛国周氏”写周氏幼时以蒺藜纳三乳燕口中致其皆死,后其三子瘖并不能言。《宣验记》的一些内容如“史雋”涉及佛道之争,当然都是以佛教的胜利为结局。

总体看来,《宣验记》为宣教之作,具有直接的目的性,艺术上的成就因此而大大削弱,造作的痕迹比较明显。甚至为了宣传信佛的功用,而违反了一般的道德准则和逻辑。如“沈甲”“高荀”等条,身犯死罪的人仅因诵观音名号便被免罪释放,似乎佛教成了作恶者的护身符,这是宣传过度,不符合作者的初衷。当然,《宣验记》中也有宗教色彩不是特别浓厚的内容,如“鹦鹉”写鹦鹉见先前所居之山中大火,便入水沾羽,飞而洒之。天神为之感动,即为灭火。

五、刘义庆著述宗旨再探讨

关于《世说新语》的编撰,周一良说:

> 刘义庆的遭遇和《世说新语》成书时的政治社会背景,从义庆本传里的四个字(“世路艰难”)可以窥见消息。他处在宋文帝刘义隆对于宗室诸王怀疑猜忌的统治之下,为了全身远祸,于是招聚文学之士,寄情文史,编辑了《世说新语》这样一部清谈之书。……《世说新语》里记载的人物、事件、议论,都和刘义庆当时的政治社会背景相去悬远,不相涉及,而这正是他著述的宗旨所在。(《<世说新语>和作者刘义庆身世的考察》)

周一良讨论的虽然只是刘义庆编著《世说新语》的原因,但也应该适用于对其所编撰的《幽明录》《宣验记》《集林》等书的判断,笔者在本书正文也认同他的观点。另外,吴志达《中国文言小说史》讨论了《宣验记》的编著,他说:"刘义庆是刘宋王朝的宗室,在王室内部矛盾斗争中遭疑忌,于是晚年以奉佛为韬晦全身之法,故在《宣验记》中多讲佛法应验果报之事,成为'释氏辅教之书'。"与周一良分析《世说新语》成书的观点基本是一致的。

然而,这一问题似乎还有进一步讨论的必要。我们知道,刘裕、刘义庆所属的彭城刘氏,其家族门第并不是高门士族,而是次等士族[①],无论在政治上还是在文化上都与高门士族无法相提并论。刘裕早年曾颇受凌辱,掌权之后则对豪门士族予以打击。高门士族借以自傲的一大因素是其在文化上的优势,这一点确是刘裕及其家族的软肋。《宋书》卷五十二史臣曰:"高祖虽累叶江南,楚言未变,雅道风流,无闻焉尔。"雅道风流,可以理解为名士风流,与刘裕几乎是不沾边儿的事。孙楷第《刘裕与士大夫》总结说:"说京洛话,写得好字,作得好诗,能谈义,这四样是士大夫的装饰品。刘裕一样也不会。"(《沧州后集》卷四)这在《宋书》《南史》等相关文献中颇有记录。

随着权力的扩大与政治地位的提高,尤其是取得帝位,在政治上占据优势与主动后,文化上的差距还是令刘裕心下不安,于是他在文化上也有意识地向高门士族靠拢,如组织戏马台赋诗(《宋书·王昙首传》)、彭城赋诗(《南史·谢晦传》)、送孔靖东归戏马台百僚赋诗(《南史·孔靖传》)[②]。唐欧阳询《艺文类聚》卷十四引沈约《梁武帝集序》,说刘裕"虽阙章句",但亦"好清谈于暮年"。在这些活动中,刘裕是组织者,也很想做一个参与者。他这样做,固然有政治上、文化上的需要,但出于本心的向往也是很明显的。

在刘裕的努力以及表率作用之下,整个皇族的文化素养自然有所提高,出现了两位沾沐士族风尚、又有良好文化修养的人物,一个就是本书的主人公刘义庆,另外一个是刘裕的儿子宋文帝刘义隆。刘义隆是南朝宋第三位皇帝,《宋书》《南史》《建康实录》本纪都说他"博涉经史,善隶书"。《宋书·索虏传》载其元嘉二十三年诏曰:"吾少览篇籍,颇爱文义,游

---

① 对于刘裕家族门第的认定,陈寅恪《述东晋王导之功业》(见《金明馆丛稿初编》)称之为"次等士族",田余庆《东晋门阀政治》接受了这一说法,基本成为学术界的共识。

② 谢瞻、谢灵运皆有《九日从宋公戏马台集送孔令诗》,保存在《文选》中,就是此次雅集的作品。

玄玩采，未能息卷。”《宋书·刘义庆传》云“太祖（文帝）与义庆书，常加意斟酌”，也说明他对于辞章的重视。刘义隆对文人也颇多礼遇。他在文化上最大的建树是建立了儒学、玄学、文学、史学四馆。裴子野《宋略总论》曰：“上（宋文帝）亦蕴藉义文，思弘儒府。庠序建于国都，四学闻乎家巷。天子乃移跸下辇以从之，束帛谦语以劝之。士莫不敦悦诗书，沐浴礼义。……冠冕之流，雍容如也。于是文教既兴，武功亦著。”（宋李昉等《文苑英华》卷七百五十四）

刘义庆作为刘宋皇族的代表，其在文化上的一系列建树有“爱好文义”的内因，更是一种“政治”行为，是有深意的，即要加强皇族的文化影响，缩小与高门士族的差距。最直接的成果就是《世说新语》，即所谓“名士底教科书”的编撰，可以说是对刘裕“倾心”名士风流最好的呼应。除《世说新语》外，刘义庆还著有《江左名士传》一卷，亦属此类。

至于《幽明录》与《宣验记》的编撰，也属同样的情况。汤用彤说：“南朝佛法之隆盛，约有三时。一在元嘉之世。”（《汉魏两晋南北朝佛教史·佛教之南统》）为什么元嘉时期佛教兴盛？一个重要的原因是由于统治者也就是宋文帝刘义隆的提倡和扶植。他这样做的原因很简单，据何尚之《答宋文帝赞扬佛教事》，宋文帝受范泰、谢灵运、宗炳、颜延之等影响而扶植佛教，并云：“若使率土之滨皆纯此化（佛教），则吾坐致太平，夫复何事！”（释僧佑《弘明集》卷十一）即还是为了其统治的稳固。而需要交代的一个背景是，晋宋之际思想、宗教界关于“神灭”与“神不灭”的论争。这一论争从东晋慧远著《沙门不敬王者论·形尽神不灭》到齐梁时期范缜著《神灭论》，一直绵延不断。东晋末年，罗含著《更生论》（见《弘明集》卷五），认为神不可穷，其说与佛教的说法相合。孙盛作《与罗君章书》（见《弘明集》卷五），驳斥其更生论，认为“形既粉散，知亦如之”。宋初，郑道子著《神不灭论》（见《弘明集》卷五），论证了神不与形俱尽之理。宗炳著《明佛论》（一名《神不灭论》，见《弘明集》卷二），提出“精神不灭，人可成佛”。何承天作《达性论》（见《弘明集》卷四），与宗炳辩难，认为“生必有死，形斃神散”。相应地，颜延之作《释达性论》（见《弘明集》卷四），质疑何说。何承天又作《答颜光禄》（见《弘明集》卷四），重申已说。史学家范晔常谓死者神灭，欲著《无鬼论》。任城彭丞著《无三世论》，僧含乃作《神不灭论》以抗之（据

《高僧传》卷七《释僧含传》)。两种观点的争论非常激烈,影响较大。此外,佛道之争、儒佛之争在当时的思想、宗教界也都是比较显著的问题。

刘义庆一方面作为佛教徒笃信佛教,一方面作为刘宋皇室的重要人物也有义务为王朝的宗教政策服务,所以宣传有神论、宣传佛教思想便成为一项重要的工作,《幽明录》与《宣验记》的编撰便是自然而然的事了。因此刘义庆晚年奉养沙门,显然并非仅仅是为了全身避祸,本身也有对宋文帝佛教政策的呼应与支持。

《宋书》刘义庆本传云:"撰《徐州先贤传》十卷,奏上之。又拟班固《典引》为《典叙》,以述皇代之美。"刘义庆祖籍彭城,属徐州,《徐州先贤传》是礼敬乡贤之义,奏上朝廷,则在一定程度上具有了官方色彩。《后汉书》卷四十下《班固传》云:"固又作《典引》篇,述叙汉德。"李贤注曰:"'典'谓《尧典》,'引'犹续也。汉承尧后,故述汉德以续《尧典》。"故《典叙》显非一般的歌功颂德之作,而应是十分厚重、典雅的庙堂之作。

刘义庆所著的《集林》二百卷,规模十分宏大,是与萧统《文选》一样具有时代意义的总集类典籍。

刘义庆自幼便为刘裕所知赏,常说:"此我家丰城也。"(《宋书》刘义庆本传)"丰城"即丰城宝剑,是比喻的说法,刘裕以剑中神品喻刘义庆,称赞其为家族精英,很是看重。事实上,刘义庆后来也的确成长为刘宋皇室文化的代表人物。其编辑群书的做法,有出于王朝文化建设的自觉,是将其视为一种事业与责任,他也正是承担这一使命的不二人选。

刘义庆与刘义隆的关系和感情应该是很复杂的。一方面,他们关系密切,刘义隆是临川王刘道规养大的,刘义庆则为刘道规继子,刘义隆对刘义庆非常看重;另一方面,刘义隆又生性猜忌。至于刘义庆,则一方面对刘义隆的猜忌与屠戮甚为忌惮,故以世路艰难不复跨马;另一方面由于密切的关系而支持刘义隆。而且,以刘义庆的身份地位,怎么可能在刘义隆眼下全然逃避?周一良的分析,视刘义庆的著述为被动的个人事业,自然有其合理性的成分,但基于上面的分析,我们认为刘义庆编撰群书的行为更多地还是主动的文化建设。

附录二
刘孝标读书与著述的流年

【笔者案】《世说新语》成书后，因其言约而事丰，先后有史敬胤、刘孝标为其作注。敬胤注仅存残篇，而刘孝标注影响深远，宋高似孙以为其有“不言之妙”“实为注书之法”(《纬略》卷九)，清末沈家本视之“不第为临川之功臣”(《世说注所引书目序》)。刘孝标《世说注》征引典籍四百七十五种，十分浩博。而其“或驳或申，映带本文，增其隽永”(鲁迅《中国小说史略·<世说新语>与其前后》)，颇为后世所推。其价值也早已超越了自身的注释范畴，成为我们审视魏晋六朝社会、历史、文化的重要文献。与南朝宋裴松之《三国志注》、北魏郦道元《水经注》、唐李善《文选注》并称中国学术史上的“四大名注”。故略考刘孝标之生平与著述，作为附录。

刘孝标，名峻，以字行，本名法虎，南朝宋孝武帝刘骏大明六年(462)出生于秣陵县(在今南京市区)。他是汉胶东康王刘寄之后，先祖刘植做过平原太守，遂为平原人。祖父刘昶，本随后来建立南燕的慕容德渡河，并安家于北海都昌县(治所在今山东昌邑市西二里)，宋武帝平齐(即攻灭南燕事)，刘昶归宋，为青州治中，位至员外常侍，遂成青州大族，拥有相当的势力。刘孝标父名珽之(或旋之)，曾任宋始兴内史。

刘孝标在中国文学史、学术史上是一个颇富传奇色彩的人物。刘珽之在他满一岁时就去世了，其母许氏携刘孝标及其兄刘孝庆(法凤)还乡里，即北海都昌县。在这里，刘孝标一直生活到八岁，宋明帝泰始五年、魏献文帝皇兴三年(469)，魏克青州，这一年的五月，刘孝标母子随青州民被掠入魏，分配到中山为奴，刘孝标《自序》说他“桑梓颠覆，身充仆圉”，就是此事。中山富人刘实(或刘宝)同情并欣赏他，以束帛赎之，教以书学。中山郡治所在卢奴县(今河北定州市),距青州较近,又魏人闻刘孝标江南有戚属,故更北徙之至代都平城(今山西大同)。孤贫不自立,母子并出家为尼僧,不久还俗。

此后,刘孝标一直在魏都苦学,《梁书·刘峻传》说:"峻好学,家贫,寄人庑下,自课读书,常燎麻炬,从夕达旦,时或昏睡,爇其发,既觉复读,终夜不寐,其精力如此。"宋明帝泰豫元年、魏孝文帝延兴二年(472),云冈石窟寺沙门吉迦夜为昭玄统沙门昙曜译经五部一十九卷,刘孝标笔受,年仅十一岁。此五部佛经是:《大方广菩萨十地经》一卷、《称扬诸佛功德经》三卷、《方便心论》一卷、《付法藏因缘传》六卷、《杂宝藏经》八卷(据《开元释教录》)。"笔受"即用笔记述别人口授的话,一般包括对内容的整理连缀,往往还有对文字的加工润色。这是古代著述及佛典翻译中——尤其是佛典翻译——时常采用的方式,即所谓译经润文者也。刘孝标年十一,但已读书有年,颇具文字功底,具有了记录、整理乃至润色加工的能力。陈垣说:"自吉迦夜译本(《付法藏因缘传》)行,而昙曜译本(《付法藏传》)遂废。以今存昙曜译大吉义神咒经推之,昙曜所译,较为朴僿,不如吉迦夜译之文采,亦未可知。此与笔受人极有关,吉迦夜译笔受人为刘孝标,孝标固南朝著名文学家也。"(《云冈石窟寺之译经与刘孝标》)

魏孝文帝选尽物望,江南人士才学之徒,咸见申擢,而刘孝标兄弟不蒙选拔。齐武帝永明四年、魏孝文帝太和十年(486)二月,刘孝标兄弟自魏地逃还京师。刘孝标改名峻,字孝标。这一年他二十五岁,在魏共十八年。刘孝标本极聪明,又自谓所见不博,广求异书,发奋苦读,于是博极群书,文藻秀出,清河崔慰祖谓之"书淫"。其实这个崔慰祖博学多识,聚书至万卷(《南齐书·文学·崔慰祖传》),也是一个"书淫",二人可谓志同道合。他应该是刘孝标借书的主要对象(之一),二人也因此而结缘。

此后,刘孝标一直在京师苦读。只在永明十年(492)曾因人求为竟陵王萧子良国职,吏部尚书徐孝嗣抑而不许,用为南海王萧子罕侍郎,不就。永明十一年到齐明帝建武四年(497)先后做过豫州刺史崔慧景、萧遥昌的刑狱参军。齐明帝建武中(约496)崔慧景举刘孝标硕学(《南齐书·崔慰祖传》),但未见被任用的记载。

此后,刘孝标"久之不调"(《梁书》本传)。直到梁武帝天监四年

(505),刘孝标四十四岁,被召入西省,为文德殿学士省学士,与学士贺踪典校秘书。刘孝标校进文德殿藏书,编成《梁文德殿四部目录》四卷。此书与祖暅所编数术之书的目录合编为《梁天监四年文德正御四部及术数书目录》。

就在这一年,刘孝标请假省兄青州刺史刘孝庆,坐私载禁物,为有司所奏免官。但“私载禁物”很可能只是一个官方的借口,而这一年发生的“策锦被事”才是刘孝标被免官的真正原因。据《南史》本传:“初,梁武帝招文学之士,有高才者多被引进,擢以不次。峻率性而动,不能随众沉浮。武帝每集文士策经史事,时范云、沈约之徒皆引短推长,帝乃悦,加其赏赉。会策锦被事,咸言已罄,帝试呼问峻,峻时贫悴冗散,忽请纸笔,疏十余事,坐客皆惊,帝不觉失色。自是恶之,不复引见。”也就是说,刘孝标被免官,深层原因是由于梁武帝的妒忌之心。

天监七年(508)冬,刘孝标作《广绝交论》,这是其名篇之一。任昉好交游,多所汲引,故当时衣冠贵游,莫不争与交好,座客盈门。然其死后,诸子皆幼,流离不能自振,生平旧交莫有收恤,刘孝标见之,乃广朱公叔《绝交论》,著此论以讥其旧交。任昉生平旧交甚多,甚至梁武帝萧衍亦可归入此列,《广绝交论》所讥,具有普遍意义。但实际上又有明确的指向,即颇受任昉提携的到溉、到洽兄弟。据说到溉见其论,抵几于地,终身恨之。

安成王萧秀雅重刘孝标的才学,最早在本年冬,刘孝标做了萧秀的户曹参军,萧秀给其书籍,使抄录事类,开始编撰《类苑》。

天监十一年(512)十二月,萧秀调离荆州刺史任,梁武帝诏刘孝标还京掌秘阁图书,因病未能赴任。第二年,刘孝标因病离开荆州赴东阳郡,于金华山首之紫岩山筑室隐居,作《始居山营室》诗。继续编撰《类苑》。吴、会人士多从其学。这一年或稍后,作《山栖志》,其文甚美。

天监十五年(516)前后可能是刘孝标生命中比较重要的时间节点,这一年他五十五岁,《类苑》编成,凡一百二十卷,费时近八年。《答刘之遴借〈类苑〉书》《辩命论》作于本年或稍后,并就后者开始与刘沼相辩难。而他一生中最重要的著作,即《世说注》的编撰工作,也应该自本年或稍早开始。

《类苑》共一百二十卷,是一部“括综百家”搜撮群言“义以类聚,事以群分”（刘之遴《与刘孝标书》）的大型类书。书未及毕时，已行于世（《梁书·安成康王萧秀传》），时人评价甚高。《类苑》的成书，很可能又触动了梁武帝敏感的神经，再度遭到他的妒忌，从此再也不征召刘孝标出来为官，同时命诸学士何思澄、顾协、刘杳、王子云、钟屿（钟嵘弟）等撰《华林遍略》以高之。堂堂一代帝王，气度如此。刘孝标感慨自伤，乃著《辩命论》以寄其怀。中山刘沼致书以难之，两度往返，刘沼“重有斯难”，即第二次作书难刘孝标后，时间应该已到天监十六年，值刘孝标“有天伦之戚”，即其兄刘孝庆卒，故其书未能及时送达刘孝标。不久刘沼辞世，有人自其家得此书以示刘孝标，刘孝标伤痛感慨，复作书答之，即《重答刘秣陵沼书》。然此书今可见之内容，除交代作书背景，表达对刘沼辞世的伤悼之情外，并未对刘沼的辩难予以解答，实应为《重答刘秣陵沼书》之序，清代学者（尤以李慈铭、李详）辨之甚明。

梁武帝普通二年（521），刘孝标卒，享年六十岁。门人谥曰玄靖先生。《世说注》完成于本年或之前。刘孝标的著作，除前文已涉及者外，又有《汉书注》一百四十卷与《陆机〈演连珠〉注》，后者为李善《文选注》所采。

刘孝标《世说注》征引浩博，采用四部文献达四百七十五种，颇为后世所推。其价值也早已超越了自身的注释范畴，成为我们审视魏晋六朝社会、历史、文化的重要典籍。宋高似孙《纬略》评之“有不言之妙”“实为注书之法”，《四库全书总目》将其列为“四大名注”之一。

刘孝标家本将门，其兄刘孝庆、从父兄刘怀珍、刘休宾皆为名将，但他学识渊博，词藻纵横，实为一代高才。虽生前抑郁不得志，然其著述与人格，已光照于后世。

后 记

这本小书的写作，是意料之外的事，但却实现了我意想之中的一个愿望。2000—2003年，我随范子烨先生攻读硕士学位，决定以刘孝标《世说注》作为毕业论文研究对象，题目确定为《刘孝标〈世说注〉考略》。在此之前，大四下学期，我已经上过先生的“《世说新语》研究”课程，并以《林下风气：〈世说新语〉中女性的名士风神》为题，完成了学士学位论文。魏晋士人的文采风流，令人倾心向往，我也对《世说新语》这部中古文学文化名著产生了极大的兴趣。

硕士毕业之后，我留校任教，自己也尝试开设选修课“《世说新语》与中古文化”，并申请相关项目，撰写了若干论文。《世说新语》是志人小说，连类而及，我又阅读了汉魏至南北朝的志怪小说，也产生兴趣，开设了另一门选修课“唐前小说”，主要讲汉魏六朝的志怪小说。而刘义庆《幽明录》则是我乐于重点讲授的一部著作。

我始终认为，虽务求客观，但研究者应该对研究对象——无论是著作还是著作者——充满热爱、饱有感情。孟子曰：“颂其诗，读其书，不知其人，可乎？”（《孟子·万章》）刘义庆贵为临川王，爱好文义、礼遇士人，编著多种典籍，传世之《世说新语》，亡佚但佚文丰富之《幽明录》《宣验记》皆为六朝志人志怪书之代表作品，泽被后世文学，足为一段佳话。然而，相对于其成就，学术界对刘义庆的关注则颇为冷落，这是极不相称的。这种情况的产生，与相关文献的有限有关，但人为的忽视也是很重要的因素。

读博之后，我的研究重心已经转到以李善《文选注》引书为中心的“文选学”研究上，之前规划的一些《世说新语》研究课题暂时无暇顾及，但内心中总觉得有义务做一些力所能及的基础性工作，让人多了解一下刘义庆这样一位在中国文学、文化史上做出重大贡献的人物。

2015年夏天,南京市博物总馆文化遗产保护研究所的邵磊兄与我联系,希望我能承担《南京历史文化名人系列丛书》中《刘义庆传》的写作工作,当时我刚刚到复旦大学中文系做博士后,科研压力较大,觉得时间上未必允许,但由于前面所说的原因,还是答应下来。在此之前,我已经撰写了有关《世说新语》注者刘孝标的《刘孝标年谱汇考》,如果再能完成《刘义庆传》,也算了了一桩小小的夙愿。

然而,现实中的各种事务总是比想象的要多,甚至严重压缩了我博士后课题的写作时间,《刘义庆传》的写作未能进行。去年夏天,蒙邵磊兄不弃,再次联络且多加鼓励,于是勉力为之,终于完成。非常感谢邵磊兄的提携与支持!

这部小书的内容,在现有条件下尽可能做到详尽、准确、客观,在一些问题上也略有创获。但限于时间、精力与能力,整体上还比较肤浅、简略;限于文献,对于刘义庆生平事迹与成就的反映并不完整,希望以后能够进一步丰富和完善。在写作中,本书参考了一些前辈学人的著作,对于这些内容,皆已注出,不敢掠美。

特别感谢我的女朋友李素军,我连续多年萍踪不定,且无所成,她包容、鼓励有加,令我十分感动,也将以此作为前行的动力。

赵建成

2018年12月6日初稿

于北国冰城

2019年6月6日修订

于南开大学西南村

2019年10月17日、南开大学百年校庆日

定稿于南开大学二十一斋